在哪裡，都能當個巴黎人

paris

南西大爺 Miss Nancyelle——著

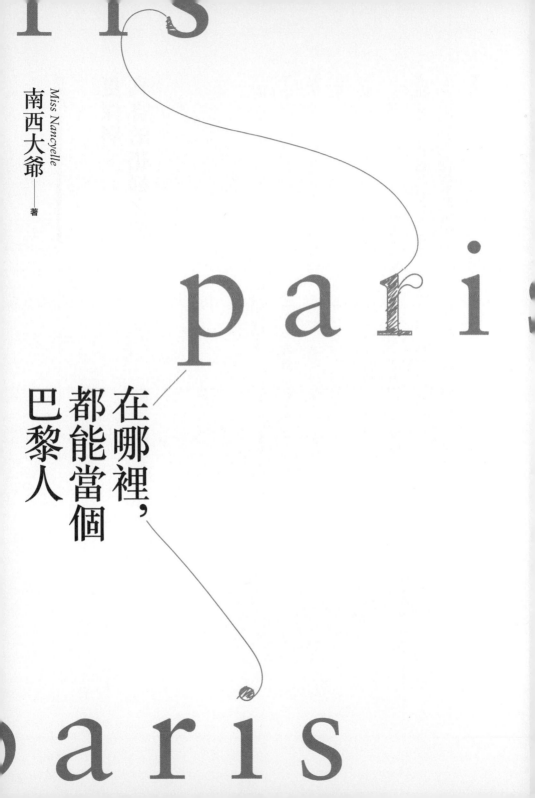

推薦序

更深層、真實的花都之夢

前駐法國特任大使／呂慶龍

有一首香頌〈我有兩個最愛，故鄉與巴黎〉（J'ai deux amours, Mon pays et Paris），其歌詞可說是對巴黎的最高禮讚：「我雖生在美麗的大草原，但有什麼好否認？是什麼讓我為之著迷傾倒？是巴黎，整個巴黎！」是的，巴黎、巴黎，花都巴黎真美！大家都想去！

提到法國，大家都知道這個先進國家在美食、好酒、天然美景、教育、建築、文化藝術、時尚設計、航太、核電、高鐵捷運，甚至人民的優雅及民主發展等，表現都十分亮麗。我從一九八〇年起，有幸前後於巴黎從事外交專業人員十六年，在巴黎的生活不但愉快，且徹底了解到，法國人的自信，來自其國家多元的實力。

記得第一次奉派到巴黎工作時，當時接待的交通部觀光局虞為局長曾告訴我一個有趣的小故事：在一個世界觀光會議上，某國代表曾詢問法國觀光部長，法國到底做了哪些努力吸引國際觀光客？觀光部長面帶微笑的回答：「什麼也沒做，您們不就來了！」其實這是謙虛之詞。法國面積約六十三萬平方公里（占全球三％），人口約六千五百萬（占全球一％），不但本身是重要市場，也是全球第六大經濟體。且人民的創意十足，以自由民主人權價值為榮，更處處充滿文化藝術氛圍，當然吸引各國人士前往，追尋一個花都之夢。

透過人民的食衣住行育樂，固然可以了解這個國家的整體表現，但如果從人文角度切入，絕對更為深入。南西繼實用的《這些地方，只有巴黎人知道》後，再次透過獨特、敏銳的觀察及富含智慧的省思，以頗具法蘭西幽默的筆調，寫下與巴黎友人的真情交往經驗，描繪出真正巴黎人的生活美學及人生哲學。從巴黎人身上，懂得對自己要有自信，「無懼世俗眼光，追求美好價值的信念」，明確告訴我們「無論身在何處，都要像巴黎人那樣，活得精采」，寫得真好！讓我手不釋卷，一口氣拜讀完畢。

我不但想向南西表達敬佩，更要高聲說：「merci beaucoup（多謝）！」因為她的兩本精心傑作，讓讀者無論是否去過巴黎，都能夠知己知彼，是了解巴黎及巴黎人的最佳素材。也讓大家了解有趣的文化差異後能夠思考，如何在日常生活裡找到屬於臺灣的價值，且懷抱信心、勇敢生活，殊值按一百個讚——一百分啦！

（攝影／呂慶龍）

推薦序

如果我像個巴黎人……

藝人／容嘉

為什麼會想當巴黎人？

對我來說大概是，他們懂得休息，很喜歡休息，最重要的是，老闆也不喜歡你不休息（太棒了！），當然，還有一個——聽說在巴黎，女人的美不是用年齡來界定的（這才是重點啊！哼！）。

我喜歡南西用輕鬆、毫無壓力卻又細膩的文字，表達她對巴黎人的生活觀察，優雅卻不做作，自然的彷彿把我直接帶到了巴黎的餐桌上，對面坐著她的巴黎朋友，聽著他用呢喃法語，生動地描述出一不小心就顯得生硬的，所謂「文化」這件事。

然後你會開始幻想：如果我像個巴黎人一樣生活，會是怎樣的光景呢？他們的人生真的比較精采、時髦嗎？
進入巴黎人的日常，讓南西告訴你吧！

推薦序

巴黎症候群的後遺症

《路過》作者／黃于洋

「小心『巴黎症候群』(Paris Syndrome)啊。」當我坐在泰晤士河旁，跟朋友提起我決定去巴黎待一段時間時，他立刻這麼說。

「啊？那是什麼？」我好奇地問。

「有些人一直以來都對巴黎抱著美麗的憧憬，實際造訪之後卻發現巴黎與想像不同而感到失望、沮喪以及對於文化差異無法調適而產生焦慮等心理症狀，據說常常發生在日本人身上。」他說話的口氣帶著一絲挑釁，好像在說著：「等著看吧，妳最後一定會逃回倫敦。」

我笑了出來，像是接受挑戰似的說：「到時候就知道囉。」

他們說巴黎人冷漠，地鐵和街道太過髒亂，在觀光客較多的區域，總是要提防扒手，一刻也不得放鬆，我不可置否，但我一直記得那個夏末的夜晚，我在龐畢度中心附近的小酒館和剛認識的朋友文森熱烈討論著，像我這樣來自集體主義傾向的東亞國家的人，來到個人主義盛行的巴黎，一些法國人習以為常的事，對我來說都是需要練習的，不能老是說「隨便」或者「都可以」，不認同的時候要說出來，不斷地告訴自己「和別人的想法不一樣沒有關係」，學習獨立思考。以前我總是認為「做自己」是一個過度氾濫的字眼，在巴黎生活的那段時間才了解，所謂的「做自己」是怎麼一回事，那是巴黎給我的禮物，不僅僅是美麗的塞納河畔和左岸的咖啡館，而是一趟關於自我認同（self-identity）的旅程。

「順從的好處就是所有人都喜歡你，除了你自己。」文森這麼說，接著便舉起紅酒杯：「乾杯！」

而我在南西的文字裡，看到的正是關於一個東亞女孩在文化衝擊中探索自我的過程，從飲食、教育、藝術，以及生活中的大小事裡看見差異，再從差異中看見自己，她樸實、真誠的文筆讓人很輕易地踏進她的生活，即使未曾與她見過面，也能跟著她一起看巴黎的人和風景，一起經歷生活日常，一起感受那樣的文化差異與反思。你不會在每個字裡行間都能感受巴黎的浪漫，這不是關於巴黎的旅遊書，而是一個臺灣女孩在花都裡再真實不過的經驗，在許多段落，都讓我忍不住點頭想著：「真的是這樣沒錯！」

對於嚮往巴黎的人，她的文字讓你了解，這個城市能帶給你的比你想像中更多，對於生活在巴黎的人，她的文字讓你對生活有更細膩的觀察，對於想念巴黎的人，她的文字提醒了你海明威所說：「如果你夠幸運，在年輕的時候曾經待過巴黎，那麼不管你去了哪裡，巴黎都跟著你，因為巴黎是一席流動的饗宴。」

我猜我們都曾經是巴黎症候群患者，後遺症是「做自已」，和了解生活可以是什麼模樣。

自序

這是我對巴黎最誠實的告白

巴黎是世上少有的一種存在，它是一個城市，卻又不像一個城市，倒像極了一個人，展現著鮮明的個性。巴黎啊，她是讓人又愛又恨，卻永生難忘的那種女人。

第一次與巴黎相識，我還是個大學生，和一起學法文的好友，兩個女生懵懵懂懂、一身是膽地拖著行李，就這麼踏進了花都，住進了十二區的學生宿舍。我們生疏地說著法語，在這個人人皆稱奇幻的城市裡探索遨遊，第一印象其實不怎麼美好，巴黎像個自視甚高的女人，尖酸刻薄地挑剔著格格不入的造訪者，文化衝擊排山倒海而來，打得我們落花流水，對家的思念匯成河。

但這個女人的魅力無窮，悄悄在我心底種下了綿長的緣分與牽掛。多年後，我還是踏上這塊土地求學，與她一同呼吸、成長，隨著和這個城市的親暱加深，才發現早已與她密不可分。巴黎幾乎成為我的一種成分，在筋肉血脈裡流動。雨果曾說：「在巴黎求學，便算生在巴黎。」法國劇作家吉特里則說：「所謂巴黎人，不是非得生在巴黎，而是在巴黎重獲新生。」

巴黎偷偷地把我的思想捏成一種特殊的形狀，也把生活的速度調成最緩板，悠悠忽忽之間，藏著戰戰兢兢的某些堅持。我原本友善至極、近乎鄉愿的臺灣人個性，被磨成有點任性、有些尖銳、有點煩人，但我的人生卻在這些改變之間，得到許多意外的養分。比如體會了所謂「慢」的文化，於是更懂得品嘗日常微小的藝術與美學；認識了飲食的博大精深，所以一口一口都是珍惜與回味；擁抱坦然與直言，才終於了解忠於自我的開闊與自由。

文化向來沒有高下對錯，我以身為臺灣人為榮。但巴黎的能量，確確實實撼動了每一個待過這裡的靈魂。我的第一本書《這些地方，只有巴黎人知道》出版之後，得到許多讀者熱情的支持，他們來信的文字特別溫柔，「是和我一樣的人吧？對文化和人情特別在意的人。」心裡總迴盪著這樣的聲音。於是，如何以我的第二本書回應他們的纖細敏感呢？成了這一年多來最大的難題。

《在哪裡，都能當個巴黎人》是我對巴黎最誠實的告白。她的好、她的壞，全記錄了下來，字裡行間盡是我對她的想念與感謝。希望看過這本書的人，像跟著我一起住過了這個城市，體會了巴黎教我的文化、美學、飲食與思辨的力量，最重要的是，明白了做為一個「不完美的人」，其實是件多麼幸運的事。

感謝我最瘋狂的粉絲——我的父母、弟弟、所有家人，還有一路支持我的姊妹、好友們。感謝在巴黎待我如家人的美清阿姨、倩明阿姨，謝謝所有曾與我待過巴黎、分享過巴黎的每一個你，陪我一起打造這如夢的城市，多年後仍有款款深情，能好好寫它。誠摯感謝時報出版的總編輯采洪姐、信宏、蘊雯、睦涵對我的提攜與照顧。

最後，謝謝我的讀者們，你們是全世界最好的人！

願幸福與美好在你我之間，延綿成一片又一片看不盡的芳草繁花。

目錄

partie 1
慢慢來 比較美

partie 2
好好吃飯 用力去愛

partie

1

慢慢來 比較美

「眼光慢下來，才能看見細節；心境慢下來，才能嘗到細節裡的美好。」這句話適合慢慢讀，它不僅代表了我心中的法式緩慢，更將這份閒情逸致說得不多不少，直搔癢處。

慢，是一種哲學

再熟悉不過的景象，只要慢下來欣賞，就變得饒富趣味；再陌生的環境，只要目光緩些，思緒便成為配樂，總能在新穎之間找到舊日的輪廓。

「慢」的哲學，貫穿法國文化，既是內在精隨，也是外顯模樣。

很多朋友遊覽法國的第一個困擾，就是急著問我：「餐廳動作好慢喔！點菜慢、上菜慢、結帳也慢。他們為什麼動作這麼慢？」

其實我也是歷經一番折騰才連滾帶爬地，抵達了今日的理解。好吧，讓我們先拋開這輩子追求「快」的習慣，把說話的速度放慢些，將閱讀的節奏停下來，然後緩緩地抬起頭，環顧四周——你看到了什麼？

再熟悉不過的景象，只要你慢下來欣賞，就會變得饒富趣味，甚至有點陌生；而再陌生的環境，只要目光緩些，思緒便成了配樂，總能在新穎之間找到舊日的輪廓。

比如說，眼前一桌豐盛的菜餚，永遠不只是食物而已，每一道都寫著悠遠歷史，每一口皆飄著文化芳香。媽媽的手藝、外婆的影子、家的味道，每一件看似平凡的事物，如果慢慢看、細細嘗，不僅事事裹著深奧學問，還樣樣蘊含靈魂。聽著落地窗前的風鈴聲，想起日本岐阜縣白川鄉的景色，似乎還能感受得到腳踏著白雪的清脆；手機上的螢幕保護貼是弟弟的貼心，他手巧，特別適合細心的活；

牆上的畫陪了我們好久，每次在異鄉看見同一幅畫作，鄉愁就要瞬間湧進腦袋和眼眶，久久不能回神。

想著想著，突然想泡杯茶，點上木質香調的香氛蠟燭，然後盡情享受這些柔軟的記憶，細細品味那些輕盈的想像。

「眼光慢下來，才能看見細節；心境慢下來，才能嘗到細節裡的美好。」這是我最喜歡的一句話，這句話適合慢慢讀。它不僅代表了我眼中的法式緩慢，更將這份閒情逸致談得不失分毫、不多不少，直搔癢處。

從不催促，餐館的法式體貼

「別急，我們先喝杯餐前酒吧。」好友尼可拉總是這樣氣定神閒地安撫我的急促，他待過東京、上海、香港，完全理解我們亟欲追求的速度，卻也更懂得以他的優雅，喚醒我的法式感知。

「你發現了嗎？巴黎的侍者從不催促你點餐，那是經典的法式體貼。他們看見你風塵僕僕地抵達，肯定需要一些時間安頓情緒。你也許經歷了忙碌的工作、可怕的交通，你也許想要先一個人靜一靜。他也許會把菜單遞給你，但他絕對不會一開口就問你今天要吃什麼，那很無禮。他會先問你，要不要來杯餐前酒？」

尼可拉將眼神投向服務生，她笑著向我們走過來，開口問：「日安，今天想先喝些什麼呢？」

這一天，我們約在尼可拉的公司附近，一路從凡登廣場（Place Vendôm）走到聖多諾黑廣場（Place du Marché St-Honoré），經過了巴黎數一數二的繁華景觀，一個轉彎，便踏進這處巴黎人遠離塵囂與大批觀光客的祕密據點。廣場中央的玻璃帷幕建築，反射出四周巴黎風情的簇擁，我曾在右前方嘗過有機早餐，在左側的店舖吃過漢堡，也在轉角的義大利餐廳藏了很多回憶。今天則來到尼可拉最愛的角落，一家名為「非常歐諾黑」的餐館享用晚餐。

「非常歐諾黑」這幾年在巴黎聲名大噪，不只因為它絕佳的地點，還有其強而有力的美學底子。這家餐廳的裝潢來自一對母女檔的作品，室內裝飾家母親阿涅斯柯瑪（Agnès Comar）與建築師女兒安瑟西兒柯瑪（Anne-Cécile Comar），創造出戲劇化十足的視覺奇想，餐廳外頭一派沉穩低調，裡頭卻像一處祕密花園，讓人呼吸叢林裡的空氣，看著童心未泯的用色，享受當代藝術帶來的如夢似幻。

天還亮著的夏天傍晚，當然要選擇感受得到陽光的室外座位，正對著現代建築，搭配著路過的身形臉孔，違和得很巴黎。

「請給我們兩杯香檳調酒，謝謝您。」尼可拉以臉上一抹淺淺的微笑，開啟了我們的晚餐時光。一邊品飲著黑醋栗口味的調酒，一邊愜意地聊著這個星期的工作。過了好一段時間，這才悠悠的打開菜單，開始研究了起來。尼可拉和我解釋其中一個菜名的文化意涵，慢慢分享他的推薦菜，接著還聊起了春天的食材，因為選擇當季菜色才是明智選擇。等到我們聊得七七八八，香檳杯也即將見底，餐廳侍者自然走向我們，詢問我們今天想吃些什麼。以上描述的過程流暢地沒有一分一秒的遲疑或等待，這是他們習以為常的節奏。

等到我點的主菜伊比利豬佐韭蔥上桌，那細嫩的肉質，那入口即化的味覺驚喜，與微帶煙燻的普衣芙美（Pouilly Fumé）白酒簡直絕配，舌尖的細緻，是得先「慢下來」才能激發的潛力，接著油然而生的，是心底滿溢的感謝，對廚師、對食物、對此時此刻的人生際遇，誠實而深刻的體會。

非常歐諾黑不僅食物美味，服務也充滿法式體貼。

非常歐諾黑 Très Honoré

www.treshonore.com
35 Place du Marché Saint-Honoré, 75001 Paris, France
+33 1 44 86 97 97

慢，讓感官放大

我時常覺得，旅遊如果只是走馬看花，花了錢和時間卻只窺豹一斑、望鏡花水月，可不是種損失？我們活了大半輩子的旋律節奏，如果能因為旅遊而有一些調整，能不能看見不一樣的自己？能不能短暫擁有另外一種人生？

前提是得拋開包袱，試著體會這個與我們迥異的文化，試著理解他們的喜好，試著踩他們的步伐、過他們的生活，然後才能想像旅行其實像艘船，帶你航向未知，然後在這些或許驚奇、或許冒險的體驗之間，讓自己的心靈更加自由，人生閱歷也轉瞬豐富多元。這是旅行能注入生命的無窮能量啊。

下一次來到巴黎，何不像個巴黎人那樣，先點杯餐前酒，體會如何將緩慢活成一種質感。一旦慢下來，就能和一起用餐的親朋好友更加靠近，因為情感交流多了；與飲、食的關係也變得更加親密，畢竟你有的是時間放大你的感官，觀察視覺、嗅覺的靈敏，更細緻品味每一次觸碰舌尖的酸、甜、苦、辣。

或許真的慢一點，才能真誠而準確地享受人生。

遲到十五分鐘的禮貌

刻意遲到十五分鐘，是展現出對宴客主人的貼心，讓他們有充足的時間準備迎賓，正如主人敞開心胸與你相交，一樣需要時間慢慢推移。

帶著家人、朋友玩賞巴黎，對我而言一直是甘之如飴的差事。而最常上演的戲碼，就是這些人待巴黎的時間有限，總是很急、很快：急著吃飯、忙著遊覽，還得抓緊時間購物；而巴黎的回應卻又是溫吞、又是緩慢，全方面地折磨著旅人的耐性。

試想兩種截然不同的個性，在一個流動的城市裡競技，你不停地繞了一圈又一圈，對方只是不疾不徐的靜默與等待；你的慌張他始終看在眼裡，卻怎麼都不為所動，結果被惹毛的終究是焦急的一方啊。

我時常覺得，如果我們擁有廣闊的心胸，文化差異其實是一件令人恨得牙癢癢、卻又非常可愛的事，就像剛入口的冰淇淋即使凍至腦門，那後頭的甜美才是

我們丟不掉的癮。這個巴黎人出了名的「慢」哲學，得從我第一次受邀到法國友人家作客的經驗說起。

遲到是為了給彼此緩衝

巴黎人的交友習慣非常慢熱，沒有所謂一拍即合的意外。所以當我第一次受邀到友人家作客，那已是經歷好多個月的推心置腹，然後心存感激地，滿心期待地到朋友家中享用晚餐。畢竟家是最私密的角落，打開大門跟敞開心胸一樣需要時間慢慢推移，與巴黎的靦腆溫吞並無二致。

那是個非常寒冷的冬天，跨過了聖誕節與新年節慶，又剛剛下完一場少見的大雪，雪融之際特別嚴寒，我全身包得密不透風，準備離開溫暖的窩，步入雪白一片，前往鄰近的好友家取暖。當時有個貼心的友人先到家裡接我，急著把門往裡推，說我們應該先喝杯小酒，再前往朋友家聚餐。正當我一臉狐疑指著手錶，正擔憂著再耽擱就要遲到的時候，這個巴黎女人挑起了眉毛，優雅地吐出了一句：「Le quart d'heure de politesse.」法文意思是：「十五分鐘的禮貌。」

這裡說的禮貌，是要你刻意遲到十五分鐘，好展現出對宴客主人的貼心，這樣他們才有充足的時間準備迎賓。這簡直是史上最可怖的文化差異！我們想破頭也想不到的這層意涵，就蘊藏在法國文化最深處，如果不鑽進去體會，恐怕早已成了別人眼中無禮的不速之客。

於是，當我們比約定時間晚了三十分鐘抵達時，居然仍是第一組赴約的客人。主人臉上滿是愉悅，沒有一絲責備，也不需你一句解釋。文化之間的震盪在我腦海裡不停振動，我們坐在火紅色的暖爐邊，愜意地喝著香檳，談最近巴黎新開的餐廳，聊上一次的旅行，談最近的生活。時鐘指針慢慢地移動，而我們，正用心享受生活，這是法式作客之道予我，溫柔的第一堂課。

話說，在巴黎生活，時間總跑得特別快，因為你早已習慣凡事慢慢來，日漸適應了這種悠悠忽忽的速度。緩慢的生活絕對是門藝術，這刻意的緩慢背後有個龐大的文化信仰支撐，有點像平行時空裡的另一個你，一直在你的腦袋瓜裡轉啊轉，提醒你走入細節，提醒你放大一點看，提醒著你：嘿，這才是生活啊，你急什麼呢？

當巴黎人邀你到家裡作客，那就表示，你和他很親近。（攝影／鈺）

拜託，能給我一杯外帶咖啡嗎？

既然都要喝一杯咖啡了，何不坐下來把它喝完，再專心去忙你該忙的事呢？給自己一杯咖啡的時間，坐下來享受這份喜悅，身心得到休憩，然後你又會是一個全新的狀態。

在我不算長也不嫌短的遊子生涯中，來巴黎探訪我的不只家人，還有世界各地的好友們。這個美麗的紐約客一下飛機，便飛奔至我的公寓，行李還來不及整理好，就說她一定得喝杯冰咖啡，精神抖擻地開啟她在浪漫之都的第一天。

好友踩著紐約空運來的高跟鞋，喜盈盈踏上旅途，不一會兒時間，卻把巴黎街頭走得好長、好疲累，因為走過了一家又一家店，沒有人賣冰咖啡，更沒有人販售外帶咖啡！我每一開口詢問，店家肯定一秒不到，搖頭、聳肩，用一臉不可置信的表情回絕。

現在回想起來，還是覺得那樣的我們很可愛，畢竟我明明知道巴黎外帶咖啡少得可憐，還是願意陪著朋友走一趟文化巡禮，撞個滿頭尷尬後，才心不甘情不願

地妥協，拉著好友走進了美國文化的領土——星巴克。

是呀，在巴黎博大精深的飲食文化裡，「外帶咖啡」這四個字確實從不存在。即使為了迎合各地旅客，街邊開始冒出一些咖啡攤位，觀光區也出現幾間國際連鎖咖啡品牌，但巴黎人路過時，頭不偏、腳不移，避之唯恐不及。

一開始，我以為這只是又一個法國人的驕傲，骨子裡反對美國文化，所以對美國品牌、美國咖啡，只是不屑。殊不知幾次與法國友人聊過這個話題之後，觀念大轉彎，發現每個喜好與決定的背後，可能都藏有一個深邃的文化底蘊，或濃得化不開的民族信仰。

重要的「一杯咖啡的時間」

那是五月的某個週日，巴黎人認為最適宜遊覽這個城市的季節。陽光開始大方露臉，為新橋附近的露天咖啡座罩上了一座金黃色的光暈。我們還是穿著春天保暖的衣裳，可是陽光太舒服了，所以褪去了圍巾、風衣，把腳往前移了一小步，向後稍稍靠臥在咖啡廳的彩色藤椅上，手上握著杯牛奶咖啡，閉著眼享受和煦暖陽。

「喝咖啡，為什麼要外帶？」好友尼可拉把他的太陽眼鏡往下滑至鼻梁中央，露出了咖啡色的長睫毛，瞪大了眼睛，一臉狐疑地望著我。

「可能趕時間吧，外帶比較節省時間，也比較方便啊。比如說，在路上邊走邊喝，或帶回辦公室喝，總之能省很多時間。」我邊點頭邊說著，好似同意著自己的解釋。

「第一，我們不太喜歡邊走邊吃，因為那太倉促、沒有品質，而且不優雅。第二，我問妳，既然都要喝一杯咖啡了，何不坐下來把它喝完，再專心去忙妳該忙的事呢？」

巴黎人說法文總是特別快，在這快得不像話的語言節奏上，承載的內容居然是關於「緩慢」的哲學，我這外國人聽來還是很難適應。

「比起拿著杯外帶咖啡，急急忙忙地奔走，讓咖啡影響工作效能，又讓工作破壞了咖啡的美味。何不退一步想，給自己一杯咖啡的時間，坐下來，享受這份喜悅，讓身心都得到休憩。然後妳又是一個全新的狀態，好應付接下來的工作。這樣不是很好嗎？」尼可拉這麼說著。

「給自己一杯咖啡的時間，好好活在當下。」我望著手裡見底的牛奶咖啡，突然理解很多人談得高深、講得莫測的「文化」，其實應該小如星點，細如雨絲；不能大塊大塊地啖，只適合這樣小口、小口地品嘗，才嘗得出別人文化的樣貌。

法國文化更是，如果你不肯放慢速度，慢慢看、細細品，就永遠也別想理解他們的執著，因為這些執著和任性，都寫在最微小的生活細節裡。

如果等待無可避免

我曾想寫一本書，書名暫定《巴黎與屎》，專門數落法國人不可理喻的緩慢。沒想到多年後的我，居然當起了法國「慢」文化的說客，人生真是無奇不有。

耳邊仍迴盪著好友說的：「給自己一杯咖啡的時間，讓自己跟自己對話。」我已經走到了住家附近的超市，準備採買些新鮮食材，心裡盤算著待會兒還要去一旁的麵包店排隊買根棍子麵包。

「日安，年輕小姐，今天來得比較早喔！」超市的守衛熱情地打著招呼。我回以熱情的微笑，隨口問了：「您好嗎？」接著遇見了鄰居太太和她的姪女，又聊了一下社區裡的新鮮事。

最後，在排隊結帳的時候，我看見一對美國來的情侶，氣沖沖地不停踏步，抱怨結帳太慢，大吼著他們已經等了二十分鐘。那一幕不禁讓我想起了十年前第一次到巴黎遊學的經歷，那是飢腸轆轆的室友與我，正在超市的漫長人龍中以中文咒罵法國的場景，我們甚至曾想寫一本書，書名暫定《巴黎與屎》，專門數落法國人不可理喻的緩慢。沒想到多年後的我，因為漸漸悟出了箇中道理，居然當起了法國「慢」文化的說客，人生真是無奇不有。

好吧，畫面回到那對可愛的美國小情侶身上。我心裡突然興起了文化的相互理解與憐憫，覺得我有責任安撫他們的不悅，於是身子湊近與他們談天：「真的很慢吧！但沒辦法呀，巴黎就是這樣的。喔，你們是哪裡來的呢？」

接下來，便開啟了氣氛愉悅的對話。雖然這樣的相聚僅止於我們一起並肩等待的十五分鐘，但超市的等待不再令人作嘔，反而幻化成奇妙的緣分。

「巴黎人極度沒有耐心，但當等待無可避免的時候，就找些別的事做吧。人生嘛，何必和自己過不去？」在法國待了很多年的鈺，眼睛眨啊眨，把巴黎的緩慢活成一曲跳動的音符。

所以，如果等待發生在超市裡，那就將它想作天上掉下來的禮物，把握時間和街坊鄰居聊聊新聞，和售貨員、警衛談談鄰里八卦，在時間的流逝之間，盡情交換僅屬於巴黎人的情報。這是只有慢下來的心靈，才能擁有的特權。

「小」的藝術

「小」是一種細膩，更是一種親密，人和人之間、人和食物之間、人和感受之間，拉得近、還要更近，那近得不能再近的距離。

談到法國人的「慢」，那就一定得聊聊巴黎人「小」的藝術。

巴黎其實一點也不大，它的面積不到臺北市的一半，只占香港的十分之一，更只有東京的二十分之一；就連整個法國，也不及一個美國德州大。每回想起這個事實，總會再次驚呼：這個小小的國家、這座迷你的城市，居然能在歷史文化與世界版圖上，綻放如此無窮能量。

「大小不是問題，我們重視的是細節。我們必須活在每個當下，確保細節迷人。」巴黎友人每次談到這個議題，就會不約而同這麼回答，眉宇之間還都有股傲氣，像是支撐著一種不敗的民族信仰。

「請給我一杯小咖啡。」

「我們去看場小電影吧！」

「要不要跟我們去度個小小的假呢？」

原本我以為咖啡應該很小杯，電影理應是迷你短片，假日可能只有兩天，殊不知巴黎人僅是熱愛「小」這個字眼，用以形容所有他們認為可愛、迷人或令人愉悅的事物。

法國人常說：「人生由小小的幸福組成。」

他們的「小」，說的是一種細膩，更是一種親密，人和人之間、人和食物之間、人和感受之間，拉得近、還要更近，那近得不能再近的距離。

造訪過巴黎的旅人，肯定對這裡大部分的咖啡廳和酒館印象深刻，

在小小咖啡廳裡摩肩擦踵，熱鬧的巴黎式優雅。

其桌椅、座位、空間之小，恐怕是世界之最。畢竟這個地狹人稠的城市，不僅人口眾多，還有從不減遊興的各國遊客，空間有限，自然形成這種讓人覺得空間還真小，轉而產生「自己還真是巨大」的錯覺。

尤其當你排排坐在咖啡館的人群之間，望著湛藍的天、豐盈的雲，佐著對街整片奧斯曼風格的巴黎建築，前面經過一個又一個穿著時髦的巴黎女人，而你真的很想稍微放鬆肩頸，好好欣賞這片人文風景之際，你的手肘已經碰到右邊先生的手臂，而腿上的桌巾也落到了鄰座大叔的腳上，這窄得不可思議的空間感，就是巴黎日常最不可承受之「小」。

然而，不知不覺之中，為了不干擾他人，你開始學會縮小一向誇張的肢體動作；由於人與人坐得實在親近，你開始習慣與隔壁桌的陌生人微笑寒暄；你逐漸遺忘了粗手粗腳的大剌剌個性，畢竟誰也無法承受濃縮咖啡潑灑到米色羊絨圍巾上的痛心；你開始學習優雅、變得禮貌，說話的聲音也不自覺放輕壓低，因為你不希望破壞任何一個人的寧靜時分。

細節堆疊的巨大美學

某個涼爽的春日午後，史丹和我約在最近迅速竄紅的餐館，藏身於二區的一家新穎的精品酒店——巴舒蒙特酒店。眼前一片當代法式氛圍，一抹靛藍、一隅淨白，穿透的自然光恣意灑落在仿古拼布沙發；一旁是一眼即能望穿的廚房，食物香氣撲鼻，玫瑰金色的銅鍋掛滿出餐口；頭上頂著寬闊的玻璃屋頂，再上去是面對天井的一個個酒店房間，每個陽臺都有繽紛美麗的植栽，凡人難以抗拒的美景。這裡的空間不算小，卻還是得挪動桌子才能進出靠牆的沙發座位，所以如果你身旁的男伴沒有展現這種紳士的細心，一定得以眼神提點他貼心的責任。

「這家餐廳被譽為法式小酒館美食的精華之作。」

史丹忙得不可開交，還是願意為了帶我一訪巴黎的新據點，特別在晨會與午會之間，溜出來與我共進午餐。

「法國不變的美食守則是『新鮮』，所以在新鮮的基礎之上，做不同風格的演出。米其林星級餐廳大多玩的是繁複的手續，或是長遠的歷史；但這些新的小酒館若能擄獲巴黎人的胃，代表他們玩的是『決心』。」

盤裡的食物小巧、擺盤大器，鱈魚入口是驚人的鮮美，嬌豔的慢炒蔬菜大方襯底；烤春雞佐雞汁慢烤馬鈴薯，嘗來亦是質樸難忘。今天我們難得沒點酒，因為史丹馬上得趕去下午的會議，但當我們放下手裡的行事曆，用心享受午餐的這段

時光，時間彷彿慢速推進，氣泡水也帶來微醺的錯覺。當人放慢速度飲食，嗅覺和味覺變得特別靈敏，美食超越了感官，直至心靈。

「我很喜歡這裡，因為這裡很多小細節。你看。」史丹指著桌上的西式刀叉架，天鵝、老虎、還有駿馬，各個維妙維肖的銀器，好似威風地說著：「我們很小，可是很精緻、很重要。你得慢下來，才看得見我們啊。」

讓吃的每一口，都是品味

有一天，餓得慌的那種日子，好不容易找到家餐廳點了餐、上了菜，卻發現盤子裡的食物少得可以，散落的幾片義式火腿，配著零零星星的芝麻葉。看著一旁

精緻可愛的小細節，慢慢看，才能發現。

巴舒蒙特酒店 Hôtel Bachaumont

www.hotelbachaumont.com
18 rue Bachaumont, 75002 Paris, France
+33 1 81 66 47 00

極度纖細又打扮入時的巴黎女人，穿著白色合身洋裝，即使坐著，腰間也不見一絲贅肉。我長嘆了一口氣，把難以接受的「小」分量轉化成好身材的代價，混著空氣填肚子的缺。但眼前這一盤沙拉，口味之精準、口感之精緻，即使多年後的現在閉上了眼睛，仍能清晰回味。

法國諺語有這麼個說法：「美味的一餐，必定始於飢餓。」想必就是這個意思吧。

某次聚餐，隔壁桌正巧有個巴黎人和美國人爭論著，究竟餐廳應該提供多少食物分量才適當？

我的朋友輕輕地在我耳邊說：「食物分量必須剛剛好，最好偏少。這樣你才能慢慢地吃，吃的每一口都是品味，都是珍惜。這就是『小』的藝術。」

「是啊。那我就再點一份『小』甜點吧。」我笑著回應。

工作，是為了得享休閒

我愛我的工作，也不希望犧牲其他喜好。我除了是一個快樂的員工，還希望自己是一個好家人、好朋友、好伴侶，還要兼顧運動和健康，當然，也得是個盡職的巴黎人。

法國的法定工時為一週三十五小時，超時工作的時數可抵假期；一年則有六週有薪假，加上國定假日與週末，一年約有一百五十天為假日！但這並不包含所有人，畢竟開店營業的生意人，或為競爭激烈產業效力的員工，仍與世界上其他地區的我們一樣，時常得忍受超時加班的折磨。

不知道是因為法律寫在前頭，抑或是這個民族一向崇尚自由與個人主義，社會上普遍瀰漫著一種氛圍——休假是一件極度正常、且值得被鼓勵的事。這與亞洲文化大異其趣，我們願意為了學業、工作廢寢忘食，為了金錢、成就賠上健康，而且當你犧牲奉獻的時候，總能得到眾人的敬佩與讚賞。但人在法國，這樣的現象被視為一種對人格的侮辱，也代表了你的生活品質與人生價值極其低落，值得同情。

為了得到更大的能量

又是另一個和好友相約用餐的午休時間。鈺是我在法國碩士班的同學，更是一路提攜、照顧我的姊姊，畢業後她繼續待在法國，一晃眼也在巴黎工作、生活了快七個年頭。有時候，某些土生土長的巴黎人說也說不清的習慣，在我們這些相對客觀的異鄉人眼裡，反而特別條理分明，看得很是透徹。

「我很喜歡在法國工作。當所有人都認為休息、休假很重要的時候，你上班時會變得極度有效率，因為你必須在有限的時間內完成所有的工作。」

鈺在法國知名時裝品牌裡擔任要職，穿梭在皇家路、聖多諾黑路、凡登廣場之間，演繹著所有熱愛時尚的靈魂夢寐以求的生活。即使公務繁忙，鈺總是一派優雅現身，約在她公司附近吃中飯也絕不馬虎，我們得喝杯白酒，得找個有陽光的位置，即使只有一個半小時，也要好好敘舊。

「怎麼說呢，一次要專心做一件事。法國的公司比較沒有細瑣分工的概念，所以很容易評估每個人工作的效能。責任很明確，目標自然明確，很難偷懶，更難推諉卸責。」鈺眼神堅定地說：「但他們非常相信『休息』帶來的能量，不僅午休時間比較自由，下午也有彈性的咖啡時間，休假更占了人生重要地位。他們相信『休憩』能帶來效率與靈感，所以前陣子我工作太忙，很久沒休假，我的頂頭上司還非常關心，問我一切還好嗎？希望我趕緊找時間休息。

放鬆，讓大腦有餘裕裝入更多靈感。（攝影／我的女神Ruby Huang）

「現在休假的時間多了，我總是可以四處旅遊，也經常回亞洲，生活得很充實，卻也很自在。這就是所謂的法式自由吧！總能讓我覺得人生充滿希望。」

看著鈺自信迷人的模樣，不僅很為她開心，更似乎看見了法國文化已然潛入她的靈魂深處，陪著她享受每一個當下，還有這時時刻刻用心生活的喜悅。

絕不為工作犧牲生活

「我熱愛我的工作。」在香水產業裡打滾多年，史丹一直都在最頂尖的香氛品牌裡效力，對香水工藝的著迷纏繞著專業，讓他年紀輕輕便成為巴黎香氛界的新星。老實說，他大概是我認識的法國人當中，拚死拚活認真投入工作的前三名。

「因為我太愛我的工作，又不希望犧牲其他的喜好，所以我一天當五天過。我除了是一個快樂的員工，還希望自己是一個好家人、好朋友、好伴侶，還要兼顧運動和健康，當然，我也得是個盡職的巴黎人。」

「盡職的巴黎人？」我眉頭一揚。

「天呀，妳肯定知道的，巴黎人忙得很。我們得隨時得知哪裡有最新的展覽，哪條街新開了餐廳，哪個主廚跳槽，哪個服裝品牌折扣，還要慎選社交圈，並積極經營人脈。」史丹表情誇張，說得飛快。「所以下了班，就是我另外一個人生。

但因為這些都是我喜歡的事，所以我非常享受。但最重要的是週末和休假，那是注入能量的關鍵！」

眼前這個工作狂，居然也談休憩的意義。這才知道史丹只要有空就會到法國的小島度假，完全放空自己；而每個週末不變的行程，乃充足的睡眠，再看遍城市裡的各個展覽。

「不管是一個月的休假，還是只有一杯咖啡的時間，相信我，休息真能增進效率。」史丹似乎是說這句話最有說服力的人，畢竟他回e-mail的速度比我認識的所有國籍的人都快，但別忘了，僅限上班時間。

古希臘時代的亞里斯多德曾言：「工作，是為了得享休閒。」法國人顯然至今仍樂於奉為圭臬。

寫到這裡，肯定許多去過法國郵局，或領教過法國行政機關聲名狼藉的緩慢的人，正氣得跳腳。給我些時間，因為說到法國人的「效率」，我們得從頭談。

放鬆過後，才能充滿元氣的投入現實。

別為「法式效率」生氣了

法國人重視時間所帶來的深度價值，歷史教他們看得長遠，蓬勃的野心藏在細節裡，倘若不用心看，很容易誤以為那是懶散。

慣於偷懶、因循苟且的人，世界各地皆有，雖然法國看來似乎不少，但也先別就這麼貼上武斷的刻板印象標籤，總得還給大多數認真負責、一力擔當的法國人一個公道。畢竟根據國際貨幣基金組織及世界銀行集團的統計，按照國內生產總值排列，法國仍是世界第六大經濟體。這個面積相對迷你，人民平均工時短、假期長的國度，究竟如何辦到的？

個人主義造就的靈魂

與我們文化差異極大的法國人一起工作，向來是個很大的學問。第一，他們彼此之間的差異性很大，簡單來說，個人主義造就的是一群截然不同的靈魂，他們可能有些極度嚴肅、有些非常放鬆，所以得花很多時間探究了解；第二，他們通常是直腸子，所以該說的、該講的一定據實以告，畢竟屏除了善意的謊言，法國人對工作誠信的要求極高；第三，他們通常欠缺彈性，如果是行之有年的法式習慣或職場教條，無論如何就是必須遵守，因為他們一向相信歷史的重量；第四，他們並不避免衝突，所以千萬別說什麼都行、什麼都好，一定要有話直說、有歧見就溝通，適度的衝突通常能意外地拉近距離。

最重要的是，法國人很重視時間所帶來的深度價值，所以我們必須耐住性子，慢慢觀察學習。比如說一支香水的上市，可能為了原物料或與品質的多方堅持，研發耗時三年；包裝設計為了講究美學，執意假某個藝術家之手，需時一年；行銷規畫執行則必須設想深遠，也可能要大半年；他們願意花長達五年的時間專心創造一款產品，並期望這款商品能賣至少五十年。歷史教他們看得很長、想得很遠，蓬勃的野心藏在細節裡，我們也許能稱之它為「法式效率」，倘若不用心看，很容易誤以為那是懶散。

LE PENSEVR

一味求快，失去更多

比起「法式效率」，我們一味追求的「快」，是否有時顯得莽撞，欠缺周延的思考？從宏觀的義務教育、國家經濟政策，到各個公司的經營策略，小至每個人的人生規畫，好像時常只有三年計畫、五年展望，路走偏了就重回起點，圖畫錯了再反覆修正，樓蓋歪了只好砍掉重練，這樣盲目的「效率」真能帶來突破與成長嗎？殘酷的事實擺在眼前，我們都得慢下來深思。

「沒日沒夜的工作是最可悲的事。妳是不是做不來？還是不喜歡妳的工作，所以效率這麼差？如果是工作量太大，那就應該去爭取妳的權利啊！」

我永遠記得這段話，當巴黎好友卡蜜驚覺我又在熬夜工作的時候。跨越文化的關心，有時候最尖銳，也最實際。

這句話送給所有正在加班的你，如果是自己不適任，或對工作喪失熱情，現在就是思考、改變的時刻。如果這是整個產業的問題，那麼也許是時候慢下來，重新定義人生的優先順序，思索真正的人生價值，像個哲學家那樣。

享受美好，就該活在當下

不要為任何決定感到後悔，畢竟每一個決定，都是當時最深刻的好惡，而每一時一刻，都全神貫注地用心品味著。

A一直是我非常欣賞的一位旅居巴黎的部落客，一路靜靜追蹤，默默崇拜。而世界之大、緣分之奇妙，某次就這麼在巴黎偶然相識，幸運地擁有了一位新朋友。她的身材纖細、臉好小，穿著打扮極富質感，對時尚、美學有敏銳的見解，很會攝影，說話老是慢慢的，吐出的卻總是出乎意料的單純直率。和她相處很舒服、很愉快，誠如我迷戀的這個城市。

A對時尚、美學都有自己的獨特見解。

與A見面這天，我們約在小狐狸咖啡，這是除了《小王子》裡的狐狸，巴黎人近年來喜歡上的另一隻小狐狸，由服裝品牌Maison Kitsuné打造。

Maison Kitsuné是服裝設計師黑目雅也（Masaya Kuroki）與音樂人吉達洛爾（Gildas Loaëc）聯合成立，起源於巴黎，在世界各大城市發揚光大，目前於巴黎、紐約、東京、香港皆有店鋪。他們不只做音樂、做時尚、玩藝術，還賣創意、咖啡與生活態度，精采的多樣化作品與充滿驚喜的跨界合作，總能成為眾所矚目的潮流。兩位創辦人的背景，讓這個品牌一直有種混合了法國與日本文化的濃烈氣氛，法式簡約、巴黎精神與日式細膩的結合，成就了這個品牌難以抵抗的魅力。A有著日本與法國文化的雙重背景，於此出沒再適合不過。

這家剛開始營業的小狐狸咖啡，是Maison Kitsuné繼皇家宮殿（Le Palais Royal）裡的據點之後，在巴黎的第二個咖啡廳作品。藏身十一區，離另一知名生活概念品牌Merci僅幾步之遙，很適合週末造訪。我早了幾分鐘抵達，好整以暇地逛了一下樓上的店舖，再到樓下的咖啡廳找了視野極佳的座位，在這個充滿童趣的空間裡悠閒等待；A在白亮亮的暖陽中現身，飄散的香氣與耳朵上的珍珠，讓人一時有身在東京的錯覺。我們一人點了一杯最簡單的咖啡，在舒適的氛圍裡，分享著緩慢的當下，笑著聊巴黎的過去與現在。

花時間，慢慢活

我們聊到巴黎和亞洲的文化差異，我問：「待巴黎這幾年，這個城市什麼最吸引妳？」

她不假思索地說：「緩慢的步調。在從前住的城市裡，連我進食的速度，穿上鞋子所花的時間可能都被視為一種難以理解的時間花費，而現在身邊的人都和我步調相同，這是一件很舒服的事情。而且，週末變得非得是週末不可。即便你想利用週末處理些什麼事情，在這裡很可能也做不到。於是去公園晒晒太陽，排一、兩個小時的隊看想看的展覽，或坐在咖啡廳裡發呆……這些住在東京和倫敦

小狐狸咖啡 Café Kitsuné

www.shop.kitsune.fr
109, rue Amelot ,75011 Paris, France
+33 1 58 30 12 36

時顯得很奢侈的事情，變得很理所當然。即使我的工作並沒有一定的平日和週末，但如果突然要把巴黎的週末抽離，就太令人傷心了。」

巴黎的緩慢確實迷人，週末也的確令人沉醉。巴黎人好像約定好了一樣，總是起得很晚，或相約看展覽，或出城度假，或和友人相約某處晒得到陽光的庭園或露天座位，享用一餐新鮮美味，盡情沉浸於這種閒適。更有趣的是人們總有談不完的話題，聊藝術、政治，談過去未來，抱怨人生和工作，將巴黎人特質展現得力透紙背。

我繼續好奇地問：「有沒有一句話，足以形容巴黎為妳的生命帶來的最大價值？」

A啜了口手裡的咖啡，說著：「我想，應該是這句話：不要為了任何決定感到後悔，因為曾經有過某個時刻，那是你真實想要的。」

像個法國人那樣，活在當下，享受當下的美好，那麼漫長的人生，也許會少些遺憾，畢竟每一個決定，都是當時最深刻的好惡，而每一時一刻，我們都全神貫注地用心品味著。

這讓我想起幾年前，曾經訪問一位插畫家，他這麼說：「做為一個法國人而感到驕傲，對我而言只有一件事，那就是我們的文化鼓勵我們——活在當下。」

是啊，也許說來都是一個道理。因為活在當下，終於慢了下來；因為活在當下，人們不再寄託未來，也不願緬懷過去，人生至此再沒有盲目的追求，也無需理會社會或他人慌亂的催促。因為就活在眼下的此時此刻，才終於看見了環繞四周繁枝末節；因為看見了細節，開始學習欣賞。最後，當你發現最平凡的、最細小的點點滴滴裡，都藏著說不完的故事，這才終於體會了那半絲半縷、一草一木，都可以是日常生活裡，最值得慶祝的雀躍與美好。

美好人生，先得學會活在當下。

A的家中布置極具巧思，舒服空間成為絕佳抒壓劑。（攝影／A）

partie

2

好好吃飯
用力去愛

這裡的人何以對食物如此入迷、這般嚴肅？
用餐前的戰戰兢兢，享用美食時的酣暢淋漓，
我想起他們是這麼說的——
「好好吃飯，時常歡笑，用力去愛。」

最重要的小事
——飲與食

法國人「活在當下」的功夫了得，當食物不再是滿足基本需求的糧，他們就要窮盡心思腦力，讓它不只是飲食，將藝術意涵賦予每個細節之中，還要讓它連結靈魂。

在巴黎生活，飲與食很容易不自覺成了最關心的事。

某個秋日早晨，室友珍與我，正在前往左岸樂蓬馬歇百貨公司（Le Bon Marché Rive Gauche）的地鐵上。這幾乎成了我們每週的固定行程，目標只有一個——買到銷魂的限量奶油！然後再步行至同一條街上的熟食店，採買美味的鵝肝抹醬。選了些伊比利火腿和醃漬橄欖後，再次走進地鐵車廂的回程路途，肩上背著的帆布袋，已然豐盛飽滿，裡頭有新鮮無花果、一瓶有機紅酒，還有牛皮紙袋裹著、論斤兩販售的牛肝菌菇，現在正是季節呢。

法國與美食的關聯之親暱，若要追溯歷史，恐怕幾十個篇章也說不完。除了法國天生具物產豐饒優勢，有利發展烹飪學，根據紀載，真正將飲食向上推進藝術領域這個嶄新層面的，是一本書——一六五一年出版的《Le Cuisinier François》，多譯為《法國廚師》或《法國名廚法蘭索瓦》，這本食譜的出版，可說是為法式料理的華麗歷史開啟了序章。

此書作者即為曾任法王亨利二世御廚的德拉瓦倫（François Pierre de La Varenne），首次將以往僅容口耳相傳的專業食譜公諸於世，內容不再含糊也不再雜亂無章，食譜不僅寫得如同工具書鉅細靡遺，更注入他對烹飪的熱情，將美食與藝術畫上等號。此著作在七十五年間被重新印製了三十次，廣泛流通於歐洲各國，被評為世界上第一本最成功的烹飪著作，更從此將法國帶向飲與食的巔峰，至今三百年不墜。

巴黎三區吹著凜凜

巴黎人對美食的執著，是一長篇歷史。

寒風，珍與我和一堆巴黎人像互相取暖一樣，擠在社區最受歡迎的烘焙店門口，距離棍子麵包出爐，還有十分鐘。如果時間回到一年前，我恐怕完全無法理解這裡的人何以對食物如此入迷、這般嚴肅。但經過時間的提煉，我開始能體會那用餐前的戰戰兢兢，享用美食時的酣暢淋漓，這是巴黎教我的人生哲學，他們是這麼說的——

「好好吃飯，時常歡笑，用力去愛。」

你吃的食物成就你的人

很多人對法國菜的印象，都是昂貴得難以高攀的米其林餐廳。那當然是法國之所為美食大國的原因之一，但這次我們不談高檔美食，反而一起走入巴黎日常餐桌，體會巴黎人如何看待送進口中的食物。

法國人「活在當下」的功夫了得，所以當食物不再是滿足基本需求的糧，他們就要窮盡心思腦力，讓它不只是飲食，就如同畫作不只是畫作、衣服不只是衣服、建築不單是建築那樣。不僅將藝術意涵賦予每個細節之中，還要讓它連結靈魂，像是生命裡一塊黏牙的美學，眼下的享受與背後的辛勞，總是又愛又恨，一體兩面。

某一天，偶然聽到巴黎的好友正在抱怨她的約會對象：「我想我沒辦法再跟他交往下去了，他連晚餐都吃超市的三明治。」我瞪大了眼睛，心想自己是不是聽錯了，她接著說：「他說，那還真好吃，然後吃得津津有味的樣子。我覺得我簡直活在地獄！」好友哭喪著臉，但我一句安慰也說不上來，我的喉嚨被文化差異鯁住了，差點不能呼吸。

法國有句家喻戶曉的話：「告訴我你吃什麼，我就知道你是個怎麼樣的人。」這句可不是俗語，而是《美味的饗宴》作者薩瓦蘭（Jean Anthelme Brillat-Savarin）的名言，早在兩百多年前，法國人即開始如此看重飲食，並將飲

吃什麼，藏著重大意涵。

食與歷史、健康、醫學、科學、甚至哲學逐一類比，所謂宴飲之樂不只在宮廷，更在民間。就像從一個人對超市冷三明治極其讚賞者的鄙視厭惡，便能窺知一個莫大高深的文化精髓。

人生不可或缺的幸福

「飲食本來就不是一件多偉大的事，但因為你在乎放進嘴裡的東西，所以開始研究它。而且既然你每天都得進食，何不好好選擇、好好吃？」一位法國朋友是這麼形容的：「這跟注重健康一樣重要，因為滿足心情和口欲，是人生不可或缺的幸福。」

這個夏日傍晚，我們來到了近日巴黎人趨之若鶩的小酒館，藏在十一區一條甚至稱不上是路的小徑裡，窄得像我們的防火巷，就名為「長廊」。門一推開，昏黃的燈光和鼎沸的人聲、簡單的木頭桌椅，濃厚的法式慵懶氛圍，很是溫暖熱鬧。

撇開巴黎人對蘇格蘭名廚高登拉姆齊（Gordon James Ramsay）總是近乎苛求的無情批評，巴黎對美食的兼容並蓄一向名聞遐邇，這家餐廳的主廚就是英國人，

長廊 Au Passage

www.restaurant-aupassage.fr
1bis Passage Saint-Sébastien, 75011 Paris, France
+33 1 43 55 07 52

期望將摩登法式餐飲裝進一個個小碟，如同西班牙的佐酒小食，佐以豐富的藏酒，顛覆人們對法國菜的制式想像。

鴨肝、牛心、醃漬蔬菜、起司臘腸、小牛肉、羊腿，所有菜色都在一旁的黑板上，字體草率是刻意要你和店員聊聊，聊今日特餐、聊主廚推薦。然後當一道道菜陸續上桌的時候，你會驚訝於它的隨興浪漫，卻在入口之際，體會美饌的細緻感動。配著口感豐富的有機酒，還有和身旁好友們聊不盡的話題，突然頓悟，金錢不一定能帶給你滿足和快樂，但對美食的執著與渴望，永遠可以。

長廊熱鬧、隱密、昏暗，十足法式慵懶氛圍。

來到「長廊」，你得善與店員聊天，才能吃到最美味的祕密。

法式飲食的真正意義

用餐不只為了填飽肚子，更重要的是和你愛的人相聚。當一起吃飯的人對了，我們相聚、我們談天、我們探索日常，食物就不再只是食物。

被譽為最懂法式烹飪的美國廚神茱莉亞柴爾德（Julia Child）曾說：「愛吃的人，是最好的人！」

我認識的巴黎人也許沒柴爾德說的那麼好，但他們真的都很愛吃。說「愛吃」似乎不夠傳神，畢竟這兩個字實在很容易讓人聯想到電影裡那些坐在沙發上抱著一桶炸雞、一盒甜甜圈或一包洋芋片，一個人吃得油膩而不修邊幅的主角。巴黎人通常不太做這種事，我猜頂多在別人看不到的地方偶一為之。他們的「愛吃」比較像是「享用美食」，講究氣氛、食材、烹飪手法、上菜順序、佐酒哲學等，但最重要的是——跟誰吃？

吃飯必配話

旅人常言，巴黎迷人之處不只天際線，不限名勝古蹟，還有每個街角的酒館餐廳、每間街邊咖啡館裡，那群在陽光下擠得滿滿的巴黎人。不只欣賞他們的穿著打扮，還想偷看他們都在吃些什麼？為什麼吃得如此享受？而他們總是吱吱喳喳、喋喋不休，連喘口氣的時間都不容許的冗長談話，究竟在談些什麼呢？

巴黎人「吃飯配話」又能保持優雅的絕活，我由衷佩服地五體投地。他們不僅能一邊滔滔不絕，一邊靈活地將沙拉葉疊成適宜入口的大小，然後幾乎不費力地將牛排、春雞、各式海鮮，甚至是漢堡，都以刀叉切得小巧。

口裡咀嚼著食物的時候，還能一手稍微掩著嘴，一手在空

巴黎人吃飯，為的是相聚、聊天。

中揮舞著語言的節奏，配合著眼神、表情，讓人瞬間以為那是我們都懂的暗號。然而，巴黎待久了，我也似乎學會了點皮毛，因為在法國人的觀念裡，好的食物是為了讓愛的人相聚，而吃東西不說話實在太浪費聚首的時光，所以一定得邊談、邊吃，還得吃得比誰都細緻優雅。

美食也是情感的交流

突然轉涼的一個早秋，黛安和我約在左岸的一處傳奇之地。隱身在幾乎象徵左岸文化中心的美術之路（Rue des Beaux Arts），這間毫不起眼的五星精品旅館名為L'Hotel，一般譯為「L酒店」，其實更貼切的名字應該是「這間酒店」。

推開看似刻意隱藏著的大門，一腳踏入這處藏著讓文學迷幾乎瘋狂的故事場景之中：愛爾蘭作家王爾德（Oscar Wilde）不僅於此待了很長的時間，一九〇〇年也於此黯然離世。當時名為阿爾薩斯（Hôtel d'Alsace）的這間酒店，僅是一處落魄之地，與王爾德晚年的流亡與失意，一同在巴黎歷史洪流中飄飄蕩蕩。相較於這位文學巨匠早年的風光，此時的他早已歷經風霜，卻留下一頁浪漫，那是為了真愛抵抗整個維多利亞時代的勇氣。

這樣的情節深深撼動著某些感性的心靈，所以重金改裝後的酒店，特別保留了王爾德的第十六號房，承載著沉重的恩怨與釋然，百年來吸引了絡繹不絕的旅人造訪入住，只為感受那些存留著溫度的嘆息與不捨。

這一天，黛安與我就坐在酒店一樓，這間冠有米其林一星美譽的餐廳，在窗外灑落的陽光中，聽著餐廳侍者訴說著王爾德的故事。我們不停地問，他也不厭其

L酒店處處是王爾德足跡。

這間酒店 L'Hotel

www.l-hotel.com
13 Rue des Beaux Arts, 75006 Paris, France
電話：+33 1 44 41 99 00

煩地分享。佳餚美饌不斷在眼前變換，帶來視覺、嗅覺、味覺的美好，而泛文學、泛巴黎、泛人生的交錯對話，則像聽覺、腦袋、心底的觸動。美食至此，早已超越它應有的模樣，為我們的生命與友誼，增添了太多想像。

「美食對我來說，絕不只是吃吃喝喝而已。好東西要跟家人吃，好餐廳要帶朋友一起分享，因為好的食物能為我們帶來同等的快樂，而透過一起用餐，我們不僅分享著這種口欲的滿足，還能盡情享受情感的交流。你想想看，這是件多麼幸福的事。」黛安說著，眼睛笑成了半月。

味覺深入記憶

幾天後的午餐，史丹也突然提到：「法國文化裡，用餐不只是為了填飽肚子，更重要的是和你愛、關心的人相聚。當一起吃飯的人對了，我們相聚、我們談天、我們探索日常，食物就不再只是食物。」

想來還真是浪漫，將人和那些生命的美好連結在一起的，確實常常是食物啊。這不就是我們再熟悉不過的圍爐團圓嗎？

說到圍爐，我幾乎可以立刻聞到了外婆拿手的扁魚白菜滷那濃郁的香，一旁還有檸檬蒸魚、蒜泥白肉、薑絲炒手撕麵筋、沙茶炒高麗菜、清炒白花椰菜，五顏六色在轉盤上轉阿轉的，配樂則是家人的談笑聲。

曾有一隻蝙蝠飛進客廳，眾人說那是吉兆；稚嫩的表舅曾臨著桌邊表演流行歌曲，逗我們笑得開懷；我們一起慶祝孩子的畢業升學、大人的結婚升職，每個階段，都是混著外婆的手藝吃進五臟六腑，吃進心底深處。所以當魷魚螺肉蒜的湯汁一入口，那股微甜和蒜香，連同海鮮的鮮滑入喉頭，齒頰都是思念。

幸運如我們，身處富庶國度，渺小的食物時常扮演著重大的角色，不只止飢，還要煲情感。關於這一點，我們的文化其實與法國非常相近，只是更善於活在當下、享受人生的他

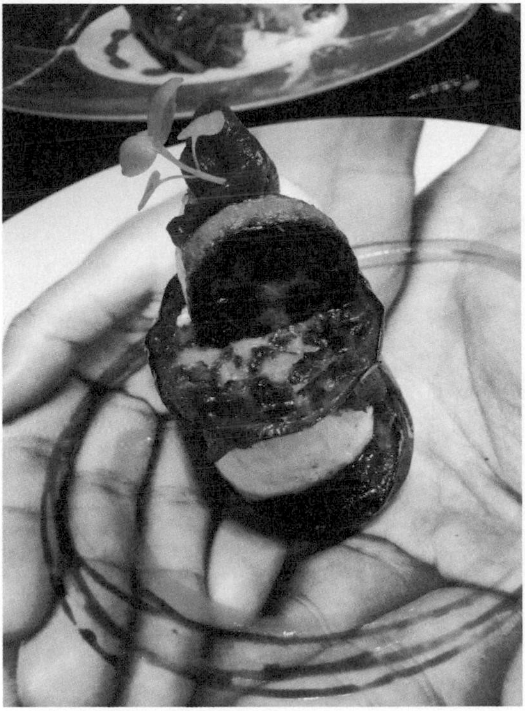

們，習慣將這樣的喜悅施展於每一天、每一餐、每一杯咖啡，並延長每一段喜悅的時間，這便是法式飲食的況味。

不論哪個文化，好的食物只要一上餐桌，就能拉近人與人之間的距離，還能撫慰人心。如同遊子返鄉的那盅雞湯，很多說不出口的話，都在入口瞬間，化作這看也看不完的廣闊世界裡，唯一一種溫柔、一口滋味，是你窮盡一生真正的在乎。

你不知道的法式餐桌學

用餐的每個順序都是設計好的橋段，繁複的「秩序」是為了確保美食的細膩與用餐的順利，如同輕快的奏鳴曲，優美輕盈的起承轉合，不費吹灰之力。

法國人重吃，更重吃的氣氛。所以族繁不及備載的「餐桌禮儀」，當然是法式飲食這門藝術不可或缺的重要元素。但在說明幾個法式餐桌上的習慣與禮儀之前，如果能推敲其後的來由與用心，我們也許能更自然的像他們一樣，吃得優雅、吃得享受。

熱愛自由，也渴望秩序

這一天，為了歡迎某個造訪巴黎的好友，我們約在二區的一家餐廳 La Belle Époque，意即「美好年代」。時針一過九點，這兒就會聚集所有時髦的巴黎人，人聲鼎沸的盛況，經過的人都忍不住一探究竟。所以造訪這種不接受預約的熱門餐廳，別忘了勤奮些，八點前抵達，肯定有一、兩個位置等著你的到來。

昏黃的燈光、紅色絨布沙發、拼花大理石地板、其間點綴的綠色植株，還有那潔白的桌巾與復古的半圓背木頭椅，引人進入一九〇〇年、那段美好年代的視角。當時萬國博覽會正要舉行，法國經濟繁榮、相對穩定的政治情勢、突飛猛進的科技發展，都讓社會上瀰漫一種愉悅的樂觀主義，在一百多年後的現代巴黎，於此重現那般榮景。

侍者是個標準的法國美女，身材纖細、穿著時尚，靈活地在桌間穿梭，臉上少見地掛著友善的微笑，或許她不是巴黎人吧？心裡響起了這種巴黎式幽默。

她的推薦實在難以抗拒，

美好年代讓人彷彿回到過去。

美好年代 La Belle Époque

www.labelleepoqueparis.com
36 Rue des Petits Champs, 75002 Paris, France
+33 1 49 27 97 17

我們幾乎點了所有她推薦的菜式，準備大快朵頤。話說，法國人雖然熱愛自由，也堅定信仰著個人主義，但他們對「秩序」的渴望，不只寫在大革命之後的歷史，也藏在日常生活的禮節之中，彷彿輕輕壓抑著自由的無限上綱，以美學的柔軟，吸收了所有的動盪。

什麼餐配什麼酒，是對食物與對舌頭的尊重。

比如說，即使他們可能是世界上最愛說話的民族，但他們談話時總是輕聲細語，以不影響他人為原則；或他們根本不太存在分食盤中飧這種習慣，為了公平、更為了彼此尊重；或者什麼餐該配什麼酒，是對食物與對舌頭的尊重。這些根深蒂固的觀念，更從用餐不得不使用的白色桌巾開始，總有一套能說服你的哲學。

餐桌禮儀也是一門藝術

較為講究的法式餐館，皆有使用桌巾的習慣。

「桌巾有幾種功能，」馬爾梭喝了一口紅酒，接著說：「第一，桌面不管你怎麼擦，永遠沒有每天換洗消毒的桌巾乾淨，在法國人的習慣裡，我們經常將麵包放在桌上，如果沒有桌巾，心裡總有些對衛生的疑慮；第二，桌巾能有效防止酒杯與桌面碰撞的聲響，還能讓它沒那麼容易被打破，保護杯子和杯中的酒，這是多麼神聖的使命；第三，如果不慎打翻酒，桌巾能暫緩紅酒的擴散，至少在它落到你的白色褲子前，你有多些時間阻止它。」語畢，大家都笑了，畢竟我們都曾是潑灑紅酒的加害或受害者。

說到法國菜的良伴葡萄酒，一定得提到斟酒、倒酒的習慣，女士們的餐桌禮儀第一項，即千萬別碰酒瓶！一般說來，有侍酒師的餐廳，請讓侍酒師服務，搶他的工作做可能壞了他的專業，更是對他的一種不信任，所以儘管放鬆心情，誰也別碰酒瓶。如果這家餐館沒有侍酒師，或負責的服務生一直非常忙碌，這倒酒服務的重責大任，便由男士們獨享。

「如果女生一直幫自己斟酒，那畫面不優雅也不好看，法國女人不優雅毋寧死，所以我們絕對不會碰酒瓶。而且，女士拿酒瓶其實是對同桌男士的一種羞辱，像是暗示他沒有紳士風度，所以，斯文有禮的男人也不會讓妳這麼做的。」安笑著說，手離得酒瓶遠遠地。

上菜與用餐的順序也是門學問，例如同桌用餐的人必須同時上菜，以確保眾人入口的食物呈現相同溫度；魚一定得在肉類前上桌，在你的味蕾還未疲倦之前，如此一來，魚的鮮才不會被肉的甜吞噬；餐後你能選擇起司或甜點，若你兩者都想吃，那就得先品味起司帶來的刺激，才能享用甜點蘊含的溫潤。

每個順序都是設計好的橋段，而這樣繁複的「秩序」，只是為了確保美食的精緻細膩，還有用餐過程的順利暢快，如同輕快的奏鳴曲，其優美輕盈的起承轉合，不費吹灰之力。

坐上餐桌，就是成熟的大人

至於小孩不得一起用餐這個習慣，恐怕很多媽媽聽了都要心疼萬分，但在法國，尚不成熟的孩子上餐桌，可是件非常失禮的事。許多法國餐館甚至明言拒絕十二歲以下的小孩進入，先別覺得被冒犯，這只是另一項文化差異。相信大家都有與幼小的孩童同桌用餐的經驗，不僅負責照顧的人沒辦法好好吃飯，也很有可能影響到同桌其他人用餐的氣氛與情緒。

「比較傳統的法式家庭裡，如果在家裡用餐，小孩會先在五、六點吃飽或被餵飽，然後受邀的賓客與家中的大人約八點才會上桌，小孩與大人不會一起吃飯。畢竟當小孩子還無法全然理解或執行用餐的禮儀，或尚無法享受美食時，不僅大人吃得不愉快，小孩也只覺痛苦。再者，小孩九點就該上床睡覺，大人的用餐時間太晚，不利孩子發育成長。」馬爾梭表情嚴肅地說。「所以，當一個小孩正式被邀請上桌和大人一起用餐，那是件可喜可賀的事，因為代表你長大了。我十一歲半開始和大人一起用餐，至今我還記得那頓晚餐呢。」

除了以上提及的幾種用餐習慣，以下列舉幾項常見的餐桌禮儀：

- 用餐前，桌上的餐具擺放位置是固定的，盡量別移動桌上的擺飾，侍者會為你服務。
- 如果已經確定了點餐內容，將菜單闔上，侍者便會趨前點餐。別忘了「慢」的哲學，可能需要一些等待時間，建議先點杯好喝的餐前酒。
- 點餐時，有些高級餐廳非常注重上菜的速度，即同桌的每位賓客必須同時上菜。所以若同桌有人點套餐，餐廳就會希望所有人統一選擇套餐，有些餐廳非常

坐上餐桌，你就是成熟的大人。

堅持這項法式傳統，幾乎沒有商量的餘地。有些餐館則較彈性，例如若有人正享用套餐的前菜時，在單點主菜的人面前，侍者就會放上一個熱空盤，讓你可以分食。

- 但別忘了，傳統法國菜基本上不鼓勵分食，甚至有些餐廳拒絕多給餐具。這是由於他們認為，食物的分量也是廚師精心設計好的，是美好飲食的一部分，分享會破壞平衡。
- 點餐後，侍者會依據你的點餐內容，調整你的餐具或杯子，例如將刀子換為魚刀、將酒杯換為香檳杯等，只要靜靜地享受這種細膩服務即可。
- 前菜上桌前，通常會先上麵包與佐料，佐料多為奶油、橄欖油、橄欖醬或油醋。左手邊的小盤，即為你可以使用的個人麵包盤。如果來的是一籃麵包，切勿將已經取用的麵包放回籃子裡。若無提供個人麵包盤，請別懷疑，麵包直接放在桌上即可。
- 麵包請以雙手剝小塊後，以奶油刀將奶油塗在麵包上，或以小塊麵包沾取橄欖油，小口、小口食用；切忌將整塊麵包塗奶油，也絕對不要以牙齒咬斷麵包，這都是在法國餐桌上非常粗俗的行為。
- 開始吃麵包前，別忘了將餐巾攤開摺半，輕放在大腿上。

- 開始用餐時，請從最外側的餐具開始使用，一般來說，較外側的陪你吃前菜，內側則多是主餐的刀叉。有些頂級餐廳習慣將餐具分次送上，也就是在該道菜上桌前才擺放餐具，這樣客人吃起來更輕鬆愉快。
- 用餐時，聊天、談話絕對歡迎，但吃東西時發出聲響是不被允許的，所以我們得暫時忘卻在日本吃拉麵時的瘋狂行徑，小聲吃飯、盡情說話。
- 一般來說，吃法國菜中途離開座位不是有禮貌的行為，但若吃到一半需要暫時離開座位，不希望菜餚被收走，務必將刀叉擺成一個八字型，侍者便不會收走你的餐盤。
- 千萬別將沙拉葉切成小塊，而是要以刀叉將沙拉葉摺疊成適合入口的大小。
- 吃牛排類食物，切一塊、吃一塊，切忌一次將大塊分切成無數小塊，否則廚師可是會生氣的，因為他精心鎖在肉塊裡的肉汁都流光了。
- 若用餐結束，請將刀叉自然地在圓盤上擺若時鐘上的4點20分，侍者便懂了你的意思，會將餐盤收走。
- 最後，別忘了用餐之間，你的手肘一定要放在桌上，這是一種禮貌的展現，這可是與我們文化大相逕庭的習慣呢。

這麼多複雜的餐桌禮儀，樣樣皆是歷史的沉澱與累積。法國人善於將生活過到細節裡，所以吃東西成了門藝術，用餐的方式更富含美學，但仔細探究到最後，不過是為了享受人生、品味生活，鍥而不捨的執著與追尋。那些看似煩人的繁文縟節只是公式，若將平凡日常套進去計算，答案就是一場屬於你我的盛宴，在每個微小的用心裡，滿是碩大的歡愉喜悅。

漢堡也問幾分熟？

大部分我認識的巴黎人，都懂艱澀的魚名，餐館裡的漢堡，也多問幾分熟，這兩件日常小事足見他們對「食」這門藝術的矢志不渝與兢兢業業。

我認識的法國人當中，似乎人人都對美食有種不可剝奪的執著。不僅每個人都有美食家的骨子與神態，配上身處巴黎所訓練的敏銳味蕾與尖銳言語，一個個都是藏身茫茫人海的食評家，出口之惡毒，恐怕常人難以招架。

料理是生命之重

坊間許多寫到法國看待美食之嚴格與嚴肅的文章，總會不免提到幾則沉重的歷史故事。例如二〇〇三年震驚法國社會的一則新聞，是人見人愛的知名法國名廚羅瓦梭（Bernard Loiseau）舉槍自盡，據推測很可能是對於其日漸衰落的聲望與即將公布之美食評鑑的擔憂，最終走上絕路；或早在一六七一年，路易十四的御廚瓦泰爾（François Vatel）在香緹堡（Château de Chantilly）一場招待兩千人的盛宴上，因為海鮮未依約送抵廚房，便以廚師配劍自刎。這樣為美食付出性命的悚人情節，似乎只會發生在法國，而當它發生在這個國度，人們好像也只能皺著眉吐出路易十四曾說的那句：「這是屬於瓦泰爾的榮耀。」似乎能夠理解他們的執著。

然而，即使廚師背負著如此重大使命，遠觀崇高如銳不可當的藝術家，又平凡地生在你我之間，在人類最基本的需求裡創造奇蹟。每每聽到這樣的悲劇，還是不勝唏噓，怨天妒英才。我一向不喜歡悲劇，所以總往好的地方望，也總能望到一些希望。在最樸實的巴黎日常，有幾回，就這麼碰見了庶民的美食信仰，溫溫熱熱，像一碗我們都熟悉的甜湯圓。

對各種食材如數家珍

初夏正午，白澄澄的風和日麗，尼可拉與我約在週末市集，他說想買束花，買些水果和海鮮，過個悠閒的假日。掛上電話，隨意套了件輕薄外套，一路散步到相約的街口，風夾著些寒意，不至於冷，反而喚醒了沉睡的感官。

市集的入口就是一抹濃郁花香，彷彿走進另一個世界，沿路的叫賣、談笑、議價聲，聽來和臺灣的市場同樣溫馨親切。我們走到一處新鮮魚貨攤，撲鼻一股海水鹹腥，但當眼光落在那一桶桶諾曼地直送的生蠔上頭時，海味向來不成問題。

眼前這一列鮮魚，種類繁多得眼花撩亂，尼可拉突然開口，像吟詩一樣：「這是一種鱈魚，這是鱸魚、比目魚、大比目魚、魴魚、鱒魚、鯛魚、鰈魚、鮟鱇魚……」

了解食材，是對食物的尊重。

尼可拉說個沒完，但我一句也聽不懂。眼前這個穿著時尚的大男人，居然能輕鬆地和帥氣的魚販專心討論今日魚貨，我簡直不敢相信自己的耳朵，突然驚覺自己的無知，中文魚名都只知道寥寥幾個了，法文怎麼可能懂！沒多久時間，便羞愧地自白我的魚類知識零分。

尼可拉只是聳聳肩，笑著說：「我們好像從小就知道了，家裡一定教，課本好像也有吧。所以不必覺得有什麼問題，妳下次就知道啦。」尼可拉終於選了某一種魚，在和老闆談天近十分鐘後，我們才不捨地道下次再見。

直到這道鮮魚佐西班牙臘腸番茄上桌，我才知道，原來是鮟鱇魚啊。

美味的鮮魚佐西班牙臘腸！

當美式漢堡注入法式優雅

第一次在巴黎的小酒館裡點漢堡時，也有個驚奇的發現。點了主廚推薦漢堡之後，美麗的侍者開口問我：「小姐，您要幾分熟呢？」

我一時還無法意會，以為點成了牛排，表情惶恐。

她便親切再問一句：「您的漢堡要幾分熟呢？」

這才聽懂，原來漢堡肉亦講究至此，不僅要以刀叉食用，還要配杯葡萄酒，更重要的是，要幾分熟？法文中，一分熟叫bleu，三分熟稱saignant，五分是à point，全熟則是bien cuit。在我的經驗裡，五分大多比預期的再熟一些，比較接近我們熟知的七分，推薦不敢食生的人選擇à point即可。若上桌仍覺得太生，可請服務生送回廚房回煎，直到您對餐點感到滿意為止。

大部分我認識的法國人，都懂艱澀的魚名，餐館裡的漢堡，也多問幾分熟，這兩件日常小事，娓娓道來這個民族對「食」這門藝術的矢志不渝與兢兢業業。每當問起有關飲食的故事，各個瞪大了雙眼，準備好隨時來一場論述與激辯，捍衛自己心中的飲食哲學。

「不論是米其林餐館的碟，還是家中餐桌的盤，上頭裝的，都是一個故事。有廚師的生命故事，有家人的愛，還有朋友的情。」這是法國人教我的飲與食，讓人不自覺放慢吃飯的速度，放大感官的體會，只為品味這些藏在食物裡的，刻骨銘心。

漢堡在法國，再也不能稱為「速食」。

烹飪是情趣，作客是榮幸

人在巴黎，我學會認真吃飯。尤其是在朋友家裡，法式烹飪遇上法式好客，每個細節都藏匿藝術與真心。

這一天，剛看完一個精采的展覽，雖然有點餓，但人在巴黎，總會自然捨棄「隨便吃」或「先填個肚子吧」這般屈就。正好對家的思念上了眉頭和眼眶，又漫步在巴黎市政廳附近，打算就這麼一路走到共和廣場，學習像巴黎人那樣短暫享受孤單、忍耐飢餓，品味這座城市只屬於一個人的片刻。

走著走著，經過了一片鬧鬨鬨的假日市集，撲鼻的香氣是對原則的極大考驗：烤雞、黎巴嫩烤餅、現做鹹派、布列塔尼來的貝隆生蠔，還有羅亞爾河產區（Vallée de la Loire）的葡萄酒，南法直送……立馬決定聯繫好友們，今晚開伙，畢竟邀請朋友到家裡作客，是巴黎最時髦也最親切的活動！

巴黎的日常消費較高，上餐廳只能是偶一為之的娛樂，相約到朋友家，不管是喝杯小酒、分享美食，或一起享受烹飪的樂趣，都是生活裡無從取代的完美時光。

飲食講究，教人驚嘆

提起法式待客之道，尼可拉賢伉儷的熱情款待，每回都令我深刻難忘。還記得第一次踏進他們的公寓，一如大部分的巴黎住宅，空間雖小卻處處是精細入微的用心，沒有一個角落含糊帶過。一入門的當代畫作還在眼角，左轉便進入點滿蠟燭的餐廳與爐火正旺的廚房，餐桌上已經擺好講究的銀器餐具，再往裡走，壁爐與金屬鏡，框出一幅法國家居印象，大理石桌上的鮮花、香檳與餐前小點，正歡迎著我們呢。面對生活，他們像是拿著放大鏡探究美學，為了品味人生，絕不容廢寢忘食，卻可以夜以繼日。

巴黎式的居家派對，一定從臉頰親吻的歡迎開始，通常馬上會有杯香檳遞到手裡，然後從寒暄與啜飲，配著臉頰的紅潤微溫，開啟相聚的溫馨。

最好玩的聚會——到朋友家作客！

主人準備的佳餚，從餐前小食、麵包、開胃菜、主菜、甜點，每一樣都能說一段奇人軼事，佐的酒也一定有個來由。如果說法國人是最擅長談話、最會說故事的民族之一，肯定要舉雙手贊成。

我所體驗的法式待客之道，十之八九都是賓主盡歡的場面。大夥都有些微醺又不太過，看著尼可拉穿著腰間圍裙，背對著我們專心做菜，另一個則忙著幫手，上菜、開酒，身為客人一點忙也幫不上、更不准幫。奶油盛於路易十四風格的容器中，手上是沉甸甸的銀器，香檳杯、波爾多杯、勃根地杯換著喝，一點也馬虎不得。如此這般主人的款待與客人的享受，總能讓友情快速加溫，彷彿整個巴黎的幸福快樂皆匯合於此，為了我們的聚首歡欣鼓舞。

妝點氣氛，比餐廳更浪漫

某個秋天傍晚，好友卡蜜展開雙臂，要我們到她家裡坐坐。入門的長廊上，貼著「HOME」幾個大字與新婚夫妻甜蜜的合照，趣味字體、色系與相框，表露卡蜜一向未泯的童心。

卡蜜一直嚷著自己廚藝不好，但她的準備可一點兒也不草率。香檳已經預先置於冰箱，小茶几有幾款佐酒小點，花瓶裡插著小雛菊，餐桌上則是一束粉紅玫瑰，桌上已擺好餐巾杯盤，屋裡的蠟燭則都點上了，點點燭光星火，歡迎著我們。我們把這小小的公寓擠得溫暖和暢，屋子雖窄，卻展現了雍容氣度，每一道菜，皆嘗得出好友的專注與挹注的感情。

簡單妝點，讓家搖身一變成為浪漫餐廳。

人在巴黎，學會很認真吃飯。尤其是在朋友家裡，那更是法式烹飪遇上法式好客，每個細節都藏匿藝術與真心。於是，一切都自然而然地發生了。你開始放慢速度用餐，起心動念想學習做菜，逛街的時候總駐足家居用品部，喝酒不再是助興的豪飲，反而像在一口一口之間，加重飲食的歡愉，品嘗法國人所說的——酒，是一種生活方式。

可以不喝水，不能沒有酒！

與法國人共進晚餐，不喝酒可是最掃興的舉動，所謂個人主義至此灰飛煙滅，整桌的法國人都要團結起來，拷問你不喝酒的理由，怨嘆你虛度人生。

法國菜與葡萄酒，彷彿千古以來的熟識，一道菜佐一種酒，一口菜配一口酒，似乎這樣即可成就有滋有味的美好人生。

法國的葡萄酒歷史悠久，雖然它不是葡萄酒起源國，卻是現今葡萄酒最大生產國，亦是最大消費國，這不僅歸功於天生氣候、風土優勢，加上成功的國家政策規畫，更重要的是，這個享樂至上的民族，又再一次將某種平凡的日常所需，幻化成深奧精微的藝術文化。

誠如海明威曾說：「葡萄酒是這世界上最文明的產物，也是世界上發展得最臻完美的自然作物，它給人們帶來幾乎超越其他感官的愉悅與享受。」

以酒佐餐，正如香腸配大蒜

某個巴黎式晚餐，酒酣耳熱之際，一位在酒莊長大的法國朋友突然這麼說：「品飲葡萄酒是一種生活方式。我不能一天不喝酒，就像我不能一天不喝水一樣。」

這樣極端的說法，恐怕有人以為這是酗酒。但嗜酒如命的法國人根本許完全懶得爭辯，畢竟他們向來不是追求虔敬生活的清教徒，口腹的滿足與生活的喜悅，才是人生第一要務。

曾聽過這樣的說法，認為法

國人以葡萄酒佐餐的習慣，正如港式飲茶一定得有壺香片或普洱，同樣恰如其分、理直氣壯。不僅去油寡膩，還給食物加分、添滋味，說是美食良伴，肯定大多數人會點頭稱是。

但我的一位法國朋友形容得更加傳神，以一種植入臺灣文化的精神，如是說：「臺式香腸配著蒜頭多好吃啊！大蒜的嗆和香腸的甜相得益彰，解膩更顯鮮。你當然可以單吃香腸，但當你懂得配著大蒜吃，那才是人間美味，也才是老饕的味蕾。對我們來說，餐配酒就像香腸配大蒜，不配則已，一試驚人。」

走在巴黎的白日，陽光晒得整座城市一片迷人燦爛，午餐時間即可望見有些人已經在啜飲白酒，小小一杯，喝得不暈不醉。酒僅是讓餐點更顯美味，讓心情放鬆些的良藥。當夜幕低垂，若與法國人共進晚餐，不點酒可是最掃興的舉動，所謂尊重自我、個人主義至此灰飛煙滅，整桌的法國人都要團結起來，拷問你不喝酒的理由，或聳聳肩、皺著眉頭為你怨嘆虛度人生。人都到了巴黎，就先放下那些清規戒律，若要使出「健康牌」，只怕巴黎人還會爭相分享他高齡的祖母如何以紅酒養生。

我的巴黎好友就是這麼說的：「我祖母九十五歲了，她的養生方法就是什麼都吃，每天喝半瓶紅酒。」這些人的養生哲學即享受當下，只要心靈豐足快活，身體自然活絡舒暢。

何謂好酒？各有所愛

法國有句俗語說：「人生苦短，別喝爛酒。」然而，若僅以價格衡量酒之好壞，恐怕落於庸俗，也喪失葡萄酒的真義。雖然海明威曾不只一次提及他對瑪歌酒莊（Château Margaux）的醉心，但時至今日，五大酒莊的價格已然非常人能負擔，這佳釀便成為神聖而珍貴的收藏，少了佐餐酒應有的雅致與隨興。我認識的法國人當中，喝得起五大酒莊的，挑著眉說不屑喝，說某些人炒壞了價錢，或總有更好的選擇；喝不起名牌的，正好圖個輕鬆，畢竟葡萄酒世界如此博大精深，總有合鍋的蓋、合口味的那股酸澀或濃郁。

飲與食的終極奧妙，在於同樣

的食物，入你口裡或我舌尖，就是能喚起不同的記憶，造就截然相異的喜惡。葡萄酒更甚，有人偏好單寧，有人喜歡果香，有人特愛酸味。談及葡萄，有人形容卡本內蘇維濃（Cabernet Sauvignon）強悍，認為梅洛（Merlot）柔美而女性化，有人則深愛纖細優雅的黑皮諾（Pinot Noir）；若說到產區，法國人更是各擁所愛，各有各的地獄天堂。所以，問法國人何謂好酒？總能得到出乎意料的答案。

喝酒，喝的是風土

「喝葡萄酒，喝的是風土。」從小在酒莊長大的朋友說著，喝了一口手中的白酒，來自勃根地南邊的馬貢（Mâcon）。

法國人口中的風土，一向錯綜複雜，葡萄品種、土地、氣候、人，彷彿某個地區的自然環境、人為因素，全長進了一顆顆飽滿渾圓的葡萄裡，所以喝酒不只喝風味，還喝它的自然養成，更喝它的歷史文化。

「紅酒我喜歡波爾多的格拉夫（Graves）產區，這算是波爾多左岸比較柔和的酒，非常適合搭配諾曼地的納莎泰勒心型起司（Neufchâtel），史上最美味。」來自諾曼地的黛安，則由最愛的起司尋覓心中最理想的紅酒。

「紅酒我喜歡黑皮諾，白酒喜歡白蘇維濃（Sauvignon Blanc），所以選酒我大多挑這種葡萄成分高的，就這麼簡單。」夏洛特選的則是葡萄：「但僅限法國酒。」她笑著補充。

即使是自己一個人，也試著點一杯紅酒吧。在桌上繞圓、輕晃酒杯，提起酒杯、觀察酒色，將杯緣拿近、輕輕一聞，啜飲一口，讓酒體停在舌尖，酒香將充滿口腔，如果這正是你喜歡的味道，那就開始盡情徜徉葡萄酒佐餐的美妙。別忘了從頭到尾都別碰酒杯的肚子，提起、放下，都只能輕握它的杯腳，不僅避免影響酒的溫度，也能像個巴黎人那樣姿態優雅。

其實，葡萄酒文化再複雜，只要你看透它的模樣，不過是杯酒言歡，不過是一種滲透日常的陶然，只管舉起酒杯，感受另一種快意人生的法式美學。

寫給總把「減肥」掛在嘴邊的你

巴黎人的纖細、巴黎女人的窈窕，舉世聞名。為什麼他們的身材能與美食之都的地位共存共榮？難道美食擺在眼前，他們都不碰不吃嗎？

巴黎人教我的另外一課，即「這就是人生（C'est la vie.）」的處世哲學，說得白話一點，就是：「別跟自己過不去。」

每次看著這個城市的川流不息，然後驚覺每個女人都美得各有特色，掛著滿面自信的神情時，還是不免有些自省。巴黎人的纖細、巴黎女人的窈窕，舉世聞名，很多人好奇為什麼，為什麼這樣的現象能與這個美食之都不敗的地位共存共榮，達世紀之久？難道美食擺在眼前，他們都不碰不吃嗎？

從不提節食的巴黎女人

「活在當下」最根本的信仰，就是該享樂的時候應當享樂，這被法國人奉為人生存在之核心價值，理所當然主宰著巴黎人的所思所想，所以直率如他們，我卻尚未見過任何一個巴黎女人在別人面前說她胖了，說她需要減肥，或說她在節食所以今天不吃。

說到此，腦海裡浮現很多至親好友們在餐桌上的痛苦表情，有人說今天不能吃澱粉，有人說最近胖好多真的一口也不能吃，或跟餐廳要了一碗水，說要將所有菜過水吃。甚至在點菜的時候，一會兒抱怨這個菜油、那道菜熱量高，儘管眾人都能切身體會維持身材的難熬與艱辛，還是不免掃了全桌人用餐的興致。

我認識的巴黎女人，在人前永遠優雅地吃飯、喝酒，那用心品著美食、美酒的神情，總會讓人感覺真是滿足，好似所有的美味都值得被讚賞，一口佳餚一口酒，又舒服又好看；

巴黎女人吃得美麗、快樂。

盤裡的醬汁，也一定被麵包擦乾抹淨，因為那是對廚師的景仰。跟這樣的人一起用餐，總是每天看似平實的生活裡，極大的欣喜！

吃得少，但吃得好

但老實說，每天三餐這樣吃，真的很容易發胖。所以每次都禁不起好奇，詢問她們維持身材的祕訣。

擁有人人稱羨的好身材的好友黛安是這麼說的：「吃少一點，但吃好一點。我從來不吃速食，但我非常享受每一餐的好食物。」

年近五十、卻仍維持著曼妙身材的洛柔則說：「選新鮮的食物吃，然後多走路。除非出城，否則我幾乎不搭地鐵。」

白婷，也維持著好得不能再好的身材，她說：「自然、有機的食物，是我的首選，我們都得學會善待自己的身體。」

夏洛特則說得比較哲學：「這要看你是哪種人。如果節食對你而言是一件很痛苦的事，那就找到更適合自己的方式，既然只能活一次，何必勉強自己過不開心的日子？如果擁有纖細的身材能讓你感到自信、愉快，那就找一個方式平衡你的生活，最適合你的健康體重，自然會找上你。重點是，你必須感到愉悅，必須先喜歡你自己。」

我認識的巴黎女人，大多很享受自己的狀態，愛著自己的外貌。但對於身材，她們其實都默默信奉「節制」的哲學。比如說，這一餐若吃多了，下一餐就會減量；如果在餐館裡，便選擇熱量較低的沙拉或魚肉；如果一個人吃，那更是吃得健康簡單。

甚至有個朋友如是說：「體態是你自己的選擇，也是你自己的事。到處告訴別人你正在減肥，無法讓你更快變瘦。」

今天，好不容易親朋好友相聚，何不就一起享受這個當下呢？別讓你的壓力成為關心你、愛你的人無形的負擔，誰敢說享用美食是種罪過？趕緊拿起筷子、刀叉和酒杯，感謝美食讓人更懂得享受生命，感謝美食為我們的情感加溫，再盡情感受遼闊宇宙裡那萬分之一的緣分，如何將我們聚合在溫熱而擁擠的此時此刻。

吃得「好」，是巴黎女人最重視的事。

partie

3

時尚易逝
風格永存

巴黎的時尚底蘊太豐富，在這複雜底色上，
每個趾高氣昂的巴黎人彷彿都手握一支畫筆，
每一筆都是對自我風格的描繪，
不能過於潦草，也不能太張牙舞爪。

BOUTIQUE
HOP

比「流行」更重要的事

華服配飾向來不是為了驚世駭俗、譁眾取寵，而是對生活的堅持，走入每個質感與細節，知道自己最適合什麼，才是時尚第一要務。

如果說「時尚」是巴黎這個城市的別名，或許有人無法全然贊同；若言「時尚」是巴黎所定義的詞彙，恐怕也會惹惱一票鍾愛倫敦、紐約、東京的新潮人士；但如果我們說，巴黎完美演繹了「時尚」的雋永經典與萬種風情，相信任誰都無法反駁。

悠久的「時尚」歷史

巴黎的時尚地位向來堅若磐石、屹立不搖，畢竟這個城市對「時尚」的迷戀，得一路追溯至十七世紀。一六七〇年代的巴黎，路易十四對時裝的熱愛與倡導從未停歇，加上人民對服裝美學的需求日益擴大，「時尚」的雛型即是這個時代的產物，揉合了眾人對美的渴望、商人的宣傳與操作、宮廷的推波助瀾，時至今日，時尚成了風行世界的全民運動。

每到巴黎時裝週，這個城市就會如同時尚與眼光的吸鐵，讓無數產業人才、媒體、潮流蜂擁而至，為這個本來就美不勝收的街景，點綴萬千燈火、萬種顏色，向全球綻放光芒，如同一顆鑽石，更像一部不停播放的醉人電影，將風格精準地投射在每一雙關注的眼神裡。

但鎂光燈褪去的巴黎街頭，巴黎人的時尚相較顯得特別低調，不見花枝招展、大鳴大放，總是一身俐落黑、白、灰、駝色，線條更簡單得可以。期待見著繽紛色彩的時尚迷若造訪巴黎，常常失望地說：「巴黎的時尚跟我想像的好不一樣！」

而我每次都不禁想到某個巴黎深夜的這段對談：

「等到你視時裝週那些誇張穿搭的人如笑

話（糞土）的時候，你就是個不折不扣的巴黎人了。」某個巴黎好友這麼說。

「比起那些浮誇的東西，你會更喜歡展覽。」另一位法國人這麼接了話。

巴黎人的時尚的確很不一樣，這是待我潛入巴黎日常之後，才真正心領神會的學問。相較於許多人盲目追趕流行，將媒體上大肆吹捧的當季顏色、配件、服飾，一股腦地往身上披掛之際，巴黎人卻始終是巴黎人，個人主義、崇尚自由又比誰都頑固的思考模式一啟動，怎麼可能乖乖聽話？他們自然不可能任人擺布，於是偉大時尚前人的各種說法，成了巴黎人的亙古不變時尚教條。

香奈兒（Coco Chanel）女士最重要的一句名言即：「時尚易逝，風格永存。」時尚大師聖羅蘭（Yves Saint Laurent）更曾直言：「總是過度追隨流行的女士承擔著巨大的風險；她有可能因此失去了她的本質，失去她的風格，更失去她天生的優雅。」

在巴黎人身上，「風格」是遠比「流行」更重要的事。風格代表著某個人的真實個性，更展現了這個人的喜好與品味。所以穿戴在身上、拿在手上的華服配飾，向來不是為了驚世駭俗、譁眾取寵，而是如同法國人對生活如出一轍的堅持，走入每個質感與細節，穿得低調而得宜，卻似迎面吹撫的微風，帶著淡淡的梔子花香，令人迷戀。

學校裡專門教服裝史的老師，在時尚精品產業工作了幾十年，舉手投足、談吐呼吸盡是時尚氣息，他個子小小的、身材精實，每天都穿著修身的黑西裝，袖釦、縫線、剪裁無一不精緻大器，冬天的羊毛大衣更是講究，質感超群得配著喀什米爾圍巾，彷彿地鐵、校園、教室都是他的伸展臺。

他曾說：「注重細節，而且永遠知道自己最適合什麼，才是時尚第一要務。」

展現自己最美的樣子

早秋，選了個不是太冷的下午，計程車緩緩駛入一般旅人鮮少駐足的十六區高級住宅區，安靜的街道、穿著時尚而低調的行人，成了最經典的巴黎景色。一個轉彎，撞見一片鵝黃色建築，眾人便迫不及待跳下車，闖入這處神祕之地；這個曾出現在無數電影裡的夢幻場景──莫利托巴黎美憬閣酒店，現在裝潢得現代感十足的精品酒店，以前可是紅極一時的公共游泳池。一九二九年啟用，一九八九年關閉，六十年間昂首代表著裝飾藝術風格（Art Deco）的輝煌，更在一九四六年見證了比基尼的問世，是個曾幾何時，聚集了全巴黎、全世界目光的傳奇之地。

走進莫利托巴黎美憬閣酒店，現代化的裝潢與為數眾多的當代藝術品熱情迎接，輕輕地捧著前方的滿室驕陽，那便是見證時尚的核心啊。推開門，望見四面樓房圍繞著一個大泳池，活脫脫像是一艘行駛中的郵輪，純白、橙黃、鈷藍色，還有倒映整片泳池水的那抹淡綠，讓視覺不斷被色彩震撼沖刷，有種似真似假、穿梭古今的奇想。

我們沿著欄杆，走到盡頭的咖啡廳，侍者為我們選了個俯瞰泳池的最佳位置，就這麼和頭頂上的住客一樣，向下望是泳池裡

環繞泳池的鵝黃色建築，有身在郵輪的錯覺。

莫利托巴黎美憬閣酒店 Hotel Molitor Paris

www.mltr.fr
13 Rue Nungesser et Coli, 75016 Paris, France
+33 1 56 07 08 50

的動靜，向上看則能追憶風起雲湧、高潮迭起的從前。人在巴黎，太容易迷戀新與舊交錯的風景。我們點了咖啡、點杯酒，謝謝好友指路，也漫漫談起了所謂時尚。

「妳的時尚靈感通常是什麼呢？」眼前的黛安總是穿得俐落又十足巴黎味，我好奇地問了她這個問題。

黛安目前在巴黎經營「巴黎購物遊」，帶領旅人深度遊玩巴黎。

本以為她的答案應該不出某些時尚雜誌、網站或某明星名人或時尚部落客，正準備提筆記錄下來，卻聽到黛安不假思索地回答：「我母親。」

黛安興奮地說：「我媽媽非常有品味，個人風格強烈，她從我很小就讓我自行選擇、搭配自己想穿的衣服，讓我覺得打扮一直是件很愉快的事。然後在過程當中，慢慢了解自己最適合什麼？怎麼穿最能展現自己最美的樣子？所以即使我熱愛逛街，也不願成為時尚的奴隸，我要能駕馭這些衣服，才能展現自我風格。」

黛安的這段話道出了法國人獨特的品味養成與時尚自覺，彷彿呼應著聖羅蘭的另一句名言：「這些年來我終於理解，重要的不是這件洋裝，而是哪位女士正穿著它。」

難以模仿的從容優雅

不張揚、不炫耀、不鋪張，其實是人與人之間沒說出口的理解，這正是「優雅」的精髓，更是「品味」的真實體現。

法國人對於「優雅」的執著，如同編寫著法國文化的織針，勾著承載歷史、禮節的毛線，一針一線成了這細緻柔滑的觸感。彷彿上千織密度的埃及棉，柔嫩的肌膚一碰上，也會驚訝於它的輕柔。那文化呢，也許就得將柔軟的靈魂靠上去體驗，才能感受到它精雕細刻、一絲不苟的謹慎與想望。

食衣住行、教育養成，巴黎人都從容優雅。當你漫步於較少旅客聚集的街口，總會見到風度翩翩的巴黎男人，一件合身牛仔褲、高領毛衣、西裝外套、尖頭皮鞋，髮型自然隨興，正趕赴晚餐；或風姿綽約的巴黎女人，一身黑洋裝、黑絲襪、略帶中性的踝靴，頭髮蓬鬆飄逸，提著購物袋往遠方的公寓走，即使他們腳步急促，打扮與神情仍一派時尚優雅。這當中的祕訣究竟為何？

充滿自信，自然從容優雅

曾有一次機會，造訪法國高級訂製彩妝品牌 By Terry 位於巴黎十六區的總部，採訪品牌執行長瑪希翁（Marion Assuied）。她是該品牌創辦人泰瑞女士（Terry de Gunzburg）的女兒，目前負責全球營運與行銷，是讓品牌不斷成長茁壯的靈魂人物。她不僅是位成功的商業人士，也是一位妻子、母親，更是一位土生土長的巴黎人。

「身為巴黎女人，時尚對妳而言是什麼？『美』的定義又為何？」我好奇地問。

瑪希翁個子嬌小，身材玲瓏有緻，穿著巴黎式的一身極簡黑與白，臉上淡淡的光澤感彩妝，讓她的五官顯得特別精緻，從未停過的笑容，極其真誠。

「這可以從巴黎女人的彩妝談起。我們熱愛低調的裸妝，所以

瑪希翁認為時尚就是「少一點」。

『少些』永遠比『多了』好，看起來自然、不造作，是我們最在乎的事。頂多某些特殊場合，我們會拿出化妝檯上的那支豔紅色口紅——但必須是非常特別的場合才行。

「穿著打扮也是同樣道理，我們認為呈現自己最自然的美，才是時尚的真理，所以我們不喜歡穿得很誇張，也絕對避免炫耀亮麗的配件或珠寶，因為只要太過張揚，就不美了。」瑪希翁眼神堅定，說著一口巴黎女人的美妙法文。

「那麼，巴黎女人真的都只愛黑色和基本色系嗎？」這是我一直以來的疑問。

「不！我們愛所有色彩！我愛大紅色、黃色、天空藍，也非常喜歡蒐集色彩繽紛的現代藝術品、家飾品，甚至室內裝潢用色也偏好大片亮色系，可是我不喜歡把一堆顏色穿在身上。基本色系比較安全，比如黑、白、灰色，能輕鬆相互搭配，而且不用多花心思就能穿出質感與優雅。穿著優雅、有品味，那可是巴黎女人的生命。」瑪希翁笑著訴說巴黎女人的時尚信仰。

時尚（La Mode）這個名詞，若要請巴黎人來解釋，總能迸出數十條涓涓細流，各有各的說法，各有各的風景，卻總會在最後一個關頭，彙集成一條河。這河說的是品味、是風格，更是法式優雅的深度蘊含。

法式婚禮，精緻優雅

「少即是多。多了，就不優雅了。」卡蜜悠悠談起的優雅美學，與瑪希翁所見略同。

在一場法式婚禮上，這教條尤其讓我印象深刻、念念不忘。

迷你歐洲車正在諾曼地的鄉間奔馳，乘著一望無際的翠綠，我們一行人緊緊跟著前方的禮車，準備前往卡蜜跟朱利安即將舉行婚禮的教堂。一下車，提著長裙、踩著高跟鞋在崎嶇不平的石子路上不停奔跑，許多身影趁著教堂鐘聲響起前，魚貫步入會場。教堂裡滿是雙方親友，每個賓客皆精心打扮，又不失法國人一向注重的低調與莊重。

我們毫無意外的是全場唯一的東方面孔，即使接受著很多好奇的眼光，但友情勝過萬語千言，我們不只出席，還要盡情享受這難得的經驗，好好地體驗一場傳統的法式婚禮。

教堂裡進行著傳統儀式，此起彼落的吟唱，聽來格外溫馨和諧。幸福當前，人們總能輕鬆跨越種族、宗教、語言藩籬，將彼此的文化握得深刻。就在不間斷的音樂聲中，賓客們很有秩序地緩緩步出教堂，等著迎接從教堂裡走出的一對新人與雙方親友。

和電影裡演的一模一樣，在大夥兒的歡呼聲和沿路灑落的粉色花瓣中，新人坐上古董車，駛向幸福，但暫時不去遠方，就去即將舉辦晚宴的莊園。於是賓客們急急忙忙地坐上車，一路駛向法式婚禮二部曲。

晚宴前的時間，基本上就是法國人最擅長的「等待」，但這等待時光裡有酒、有親戚好友相伴，像是一場流動的時裝秀，負責炒熱參加婚宴前的情緒，想來真是頗為貼心的安排。

晚餐在預定時刻約莫半小時後展開，新人入場的橋段極其可愛，舞曲音樂大聲播放，所有賓客都將餐巾舉起，在空中隨著音樂畫圈，配著歡呼與笑聲，新人在

遠赴諾曼地，參加一場道地法式婚禮

賓客的桌與桌之間穿梭起舞，溫馨又熱鬧的開場，讓人立刻感受婚禮的愉悅興奮。

晚宴內容與我們熟悉的婚禮並無太大差別，親友上臺致詞，暖意感染著所有心靈；豐富的喜宴佳餚，永遠喝不完的紅酒與香檳，填滿飢腸轆轆的脾胃；新人精采的影片回顧，則讓人感嘆真愛難尋，尋著了必得相知相惜。

不知為何我老是覺得，因為法式生活過得慢條斯理，時間在法國跑得特別

卡蜜與父親浪漫共舞。

快。午夜悄然降臨，當外頭一片漆黑的時候，屋裡的派對正要開始呢。所有賓客、不分老少，全湧進了舞池，而且這一跳，跳至清晨！等到賓客全意猶未盡地回房或回家休息後，準備迎接的，是隔天的法式婚禮第三部曲。

相較於前一天的行程，第三部曲顯得愜意許多。早午餐訂在正午開始，昨夜的賓客全換上了悠閒的服飾，陸陸續續出現在莊園的鬱鬱蔥蔥裡。耳邊仍是標準的寒暄，但速度慢了一些，會場裡準備了簡單的餐點，眾人拿著飲料與食物，走到草地上、坐在陽光裡，有些則玩起了足球，新人在人群間和大夥擁抱、談天，享受與至親好友相聚的寧靜時分。

本來想像中應當華麗豪奢的法式婚禮，感受來其實精緻、溫馨，有種說不出的閒適與優雅。這「優雅」從裡至外、從上到下、由長至幼，無一不體現這種法式精神。

婚禮布置並不鋪張，桌面的蠟燭和玫瑰、桔梗、繡球、滿天星，與挑高木樑上掛著的白色燈飾悄悄呼應；孩子們沒有大聲哭鬧，穿著小小的洋裝、西裝，聚在角落裡玩著遊戲；所有人都喝得盡興微醺，卻無人喧嘩鼓譟；不見花枝招展、濃妝豔抹的賓客，只有低調的長禮服、短洋裝，而黑色仍是眾人最信任的顏色。

較年長的長輩，仍腳踩高跟鞋，啜飲葡萄酒。卡蜜八十多歲的外婆，在舞池裡翩然慢舞；新娘的裝扮更是「優雅」的極致，從頭到尾一套長袖蕾絲古董白紗，沒有拖地的裙襬、沒有瑣碎的珠飾、更沒有奪目的珠寶，幾乎素淨著一張臉，只有左手無名指上，那象徵永誌不渝的戒指，低調地分享人生喜悅。

卡蜜的婚禮，讓我深刻體會了「優雅」的祕密。或許看不到價格標籤的慶祝，才能讓人不感壓力，獻上真心誠意的祝福；又或許這種不張揚、不炫

婚禮布置不鋪張，充滿幸福氣息。

耀、不鋪張的精神，其實是一種人與人之間沒說出口的理解，而這正是「優雅」的精髓，更是「品味」的真實體現。

巴黎男人的風格守則

簡單、質感、細節是巴黎男人的時尚三原則。而住在巴黎，眼裡所見皆是源源不絕的靈感，這是屬於巴黎人的幸運。

身為一個在時尚圈打滾的巴黎男人，尼可拉的時尚品味超群，低調裡的奢華，明眼人都懂。

關於時尚，他與巴黎人口徑一致：「時尚這件事，如果只是模仿或追隨，不是很無趣嗎？對我而言，時尚就是成功穿出自我的風格，穿『對的衣服』，穿出質感、穿出細節，呈現自己最好的樣貌。」

「簡單、質感、細節，這是我的時尚三原則，這三個元素組合起來，就是我

巴黎男人尼可拉，崇尚穿出自我風格。

的風格。而住在巴黎這個城市，眼裡所見皆是源源不絕的靈感，這是屬於巴黎人的幸運。」史丹喝了口花草茶，身上看不見任何一個名牌LOGO，卻隱隱散發一種極具質感的品味，那可是巴黎人最引以為傲的時尚功力。

史丹的時尚原則：簡單、質感、細節。

香奈兒女士曾言：「我不塑造時尚，我就是時尚。」她的這句話，道盡了巴黎人的時尚之所以與眾不同之處。

巴黎時尚的底蘊太豐富、太撩人，在這複雜的底色上，每個趾高氣昂的巴黎人都頂著這個光環與這份使命，手握一支畫筆，畫一幅巴黎理應展現的時尚景象。每一筆都是對自我的描繪，更是代表巴黎的演出，不能畫得過於潦草，那讓人看不清、記不得你；也不能太張牙舞爪，因為那不僅不是你，還莽撞地把品味推得遠遠的；更不容敷衍了事，因為那可一點都不精緻、一點都不「巴黎」啊。

潛入日常的香氣藝術

香味可以保存，更能重現回憶，它不受時空環境、歷史文化侷限，以香氣創造出獨特美學，帶人悠然回到過去，或勇敢探索未知。

當「時尚」兩字不再只是穿在身上的服飾、踏在腳上的鞋履、拿在手上的提袋，而代表一種無可取代的個人風格，或是某種實現自我的生活態度時，那麼時尚產業裡總是創造驚人銷售業績的「香水」，或是巴黎人一輩子也離不開的「居家香氛產品」，絕對是值得仔細探究的文化現象。

以嗅覺記憶城市

每造訪一座新的城市，五感的探險與體驗自然變得特別活躍。看沒有盡頭的天際線，聽截然不同的語言音調，感受空氣裡的悶、薰、濕潤或乾燥，嘗遍當地風味美食之外，我還有兩個小習慣，即用心觀察這個城市的顏色、彩度，還要打開嗅覺，記錄它的專屬氣味。

來過巴黎的人，心裡肯定正在躁動。巴黎無庸置疑是個氣味極其複雜的城市，這嗅覺光譜之廣，恐怕很少城市能出其右。從洗刷夏日街頭的驟雨，到剛出爐的各式麵包香，再到市集裡無花果的清新、海味生蠔的奔放、各式起司的豐富；當然也包含某些地鐵站的髒亂，或每一次擦肩而過，某個巴黎女人留下的迷幻香氛。巴黎的嗅覺體驗時常天堂到地獄，只需瞬間，煉獄至淨土，僅差咫尺。

對於像我這樣嗅覺敏銳的人來說，總想像著：如果能拿個巨大的玻璃空罐，舉在空中揮舞蒐集這城市的空氣，那會是什麼樣的味道？又或者有款香水膽敢自稱

「巴黎」，那將是何等模樣？

許多時裝品牌爭相推出以「巴黎」為名的香水，可惜那些香味皆太繽紛、太綻放，與我心中的巴黎形象相去太遠。在屬於我的香味記憶中，巴黎應當更沉潛、更內斂，還要有一丁點走在塞納河畔微寒的體感。但畢竟嗅覺是種很主觀的感知，心中總殷殷期盼有這麼一天，有一種香氣，能陪我精準且懷舊地想念巴黎。

將香水藝術發揚光大

香水和法國的關係，是難以言盡的愛戀，而香水這個博大精深的文化，一定得從它的歷史說起。香水據說起源於古埃及，許多文物證明了「香氣」當時在宗教、醫學與生活上的運用；「香水（parfum）」這個字由拉丁文衍生而來，本義是「透過煙霧」。這魅惑人心的煙霧，成為埃及豔后熱愛的沐浴聖品，更奢侈地用以浸泡船帆，讓香氣於頸肩、航行間皆芬芳繚繞。

從焚燒香料產生繾綣的煙圈將禱告上達天聽，到木乃伊的保存，乃至淨化身心的醫療品，香氣的運用不斷擴大。羅馬人甚至以香水混入造牆的原料中，並在生活中廣泛潑灑香水。製香技術約於十四世紀進入歐洲，我們現今認知的香水，則是由匈牙利伊莉莎白女王將香精與酒精混合製成，成了聞名古今的「匈牙利之水」。香水工藝接著在文藝復興時期的義大利，獲得空前成功。十六世紀時，十四歲的凱薩琳德梅迪西（Catherine de Medici）嫁給十五歲的法王亨利二世，這歷史留名的義法政治聯姻，不僅將各式新穎文化帶入法國，更將「香水」注入法國歷史之中。

一向沉醉於美好事物的法國，理所當然臣服於香水迷人的魅力，也開啟了與香水永遠解不開的緣分，讓法國文化從此香氣縈繞。在傳染病肆虐又尚無正確衛生觀念的歐洲，普遍認為「水」可能是疾病入侵的媒介，於是傳說太陽王路易十四為此一生洗澡不過七次，僅採不斷更衣、乾布擦拭、以加入葡萄酒的水淨身等方法替代，更嗜香水成痴，有「愛香水的國王」的稱號；路易十五時期，宮廷裡隨時香氣四溢，被稱為「香水之宮」；拿破崙據說也是一名瘋狂香水迷，四處征戰時仍天天使用，並鼎力支持香水工業的發展。

香水為羅馬人發明，卻被法國發揚光大

香水在法國的歷史地位逐步攀至巔峰，當它不再是王公貴族的專利，便化身各款柔情香氣，流入平民百姓家，流竄在各種愛慾、仇恨、人性、鼻息之間。它成為每個人的生活必需品，順著萬種脈搏，陪著創造人生，更隨時攪動回憶。

低調奇幻的香氣世界

香奈兒女士曾直言：「不用香水的女人沒有未來。」的確，曾生活在巴黎的人，對香水的依賴和嚮往，太容易成癮。

每當與香氛迷聊及法國香氛品牌，diptyque肯定在經典清單榜上有名。它極富質感的個性化香氣，簡潔俐落、充滿藝術性的包裝，每個香氛品背後都有讓人心醉神迷的故事，散發著低調卻執著的巴黎文化，挑起嗅覺與想像的底層熱戀。

我造訪的那天是風恬日暖的初夏，穿上黑白相間的洋裝，特別噴上聖日耳曼大道34號香水，提前下了地鐵，想在左岸好好地走一走，複習這裡的空氣和溫度；熟悉的酒紅色三角窗就在街口，駐足深吸了一口氣，推開門踏入diptyque的奇幻世界。撲鼻而來的是熟悉香氣，眼前的鵝黃色牆面貼滿大大小小橢圓形圖騰，一旁點綴著異國風情的壁紙、裝飾與地毯；琳瑯滿目的商品則置於乘載歷史的核桃木陳列櫃上，彷彿時光倒流，保留著不朽的懷舊色調，更藏著三位共同創辦人旅行的記憶。

這裡，就是diptyque的起點。其成立於一九六一年，由三位對創意與旅行充滿熱情的好友共同經營，包含室內設計師高妥特（Christiane Gautrot）、畫家諾斯里（Desmond Knox-Leet）及劇場暨舞臺設計師考斯蘭特（Yves Coueslant）。一開始以販售家飾布料、壁紙與世界各地的藝術品、家飾品為主。兩年後開始販售以精

diptyque 聖日耳曼創始店

www.diptyqueparis.fr/
34, Boulevard Saint Germain, 75005 Paris, France
+33 (0)1 43 26 77 44

油蠟燭為首的一系列香氛商品，其沉穩多元的香氣、獨樹一幟的左岸風格，還有極富巴黎氣息的低調美學，吸引許多法國品味人士爭相收藏，更征服了全世界迷戀美、注重生活品質的風格人士。

身為「法國頂級香氛」的經典代表品牌，diptyque一向看得風輕雲淡，彷彿這舉足輕重的地位僅是個美麗的意外。他們總是這麼自我介紹：「我們以香味記錄生活及旅行的回憶。」對熱衷旅行的人來說，簡直說入心坎。生命中的每段旅程，總能透過攝影記錄視覺或聽覺的震撼，透過文字記載內心的感動，卻也希望也能剪下一段香氣，等到時光失竊，仍能憑藉嗅覺回到彼時，再以另一種更成熟的心態玩味欣賞。diptyque的詩意，在於它的每一個商品都以香味展現了另一個國度、某一段時光、還有一種無可取代的情緒，而每一個人，都或多或少參與、投射其中。

diptyque全球創意總監米希安（Myriam Badault）說：「我們的品牌創辦人希望創造自由，因此創製出多元、獨特、迷人的香氛系列。」diptyque所追求的自由，是形式的自由，它始終相信氣味可以保存，更能演繹或重現一段回憶；也是藝術的自由，因為它不受時空環境、歷史文化侷限，以香氣創造了獨一無二而難以模仿的美學；更是個人意識的自由，因為香氣從此不再只是香氣，而是一段生命歷程、一種神奇力量，能帶人悠然回到過去，或勇敢探索未知。

「有時候，走進一個空間，某個香氣會輕晃我的腦袋，像是溫暖的擁抱，所以想家時、需要放鬆時，那款香水就是最好的選擇。但這個對我而言溫暖的味道，也許對你清清淡淡，也許對他直衝腦門，所以嗅覺是非常私人、主觀的事。這也是為什麼香氣像一門潛入生活的藝術，因為你隨時隨地在享受嗅覺，而我們卻有著截然不同的感受，這不就是藝術嗎？在美的事物面前，在選擇與喜好之間，我們都是自由的。」米希安為香氣與藝術，緊緊地打上了一個結。

米希安覺得，香氣能記錄你的一段生命歷程。

香氣，僅屬於我的祕密

挑選香水和挑選人生伴侶恐怕同等重要，畢竟香氣有無可取代的延展性，不僅比你率先抵達，還較你更流連忘返，說來浪漫，其實香氣才是你最真誠的靈魂啊！

如果說藝術是一種表達「美」的特定形式，有人作畫，有人打造建築，有人巧手園藝，有人設計風格時裝……那麼香水背後的調香師，便是以香氣演繹時空變化、保留特定時光記憶的藝術家，一刀畫開敏銳的嗅覺，展開令人目眩神迷的剖面。

香味體現靈魂

挑選香水和挑選人生伴侶恐怕同等重要，畢竟香氣有無可取代的延展性，它不僅比你率先抵達，還一定較你更流連忘返，在原地徘徊許久才肯離去。說來浪漫，其實香氣才是你最真誠的靈魂啊！早你一步嘗新，晚你一宿懷舊，比我們還大膽，卻比我們都念舊，我們何嘗不是都需要這樣的另外一半？

迪奧先生曾說：「一個女人的個性，她的香水味比她的筆跡透露更多。」遠遠的，一股輕柔的木質香調飄來。仔細一聞，似乎是紫羅蘭、黑醋栗，有點甜又有一丁點微辣，但根本上是一款假日的舒適清香。正當我的嗅覺正沉浸於現實與想像交錯的世界，這香氣的擁有者，我的好友卡蜜，不知何時已經走到我的眼前，給了我溫暖的臉頰親吻。

香水是個人的識別

「天啊，我不能告訴妳我的香水品牌！好吧，我可以告訴妳，但妳不能告訴全世界，而且妳必須保證，不會買跟我一樣的香味。」卡蜜俏皮地說完，我們大夥笑成一片。

「香水當然是一種個人風格！」卡蜜睜大了眼睛，表情嚴肅地說。「我每個時期都使用不同的香水，我希望香水符合我當下的時尚風格與個性，所以如果我成長了，比如說即將進入人生另一個階段，我才會考慮更換香水。」

你也正使用著代表個人風格的香水嗎？

我的父親從年輕時代即鍾愛某品牌香水，西裝上也總是這個招牌氣味，所以如果聞到哪個男生身上也是這股熟悉氣息，便不由得好感叢生，因為在我這個女兒心中，那幾乎等於一種好男人的定義啊！我的母親則偏好麝香等較中性的香調，加上她出得廳堂、入得廚房的完美形象，我總是對使用中性香調的女人有種莫名崇拜。或是我每當遇見柔弱的花香，總以為對方軟弱，這當然是種錯誤的刻板印象，但這就是香氣只容意會、難以言傳的特殊魔力，腦袋裡永遠有一座連結嗅覺

香味，不輕易告訴別人的祕密。

記憶的圖書館，氣味成了分門別類的愛好。

「我好喜歡妳的香水味！」這一句話若是對巴黎女人說，就只能是讚美，不能是疑問句。因為香氣偏好是私領域的祕密，問了像是對隱私的窺探，不禮貌；即使問了，她們頂多笑著回答：「謝謝。」然後倏地跳入下個話題，這點默契，我們還是懂的。

關於嗅覺的深邃記憶

嗅覺的認知與記憶，時常比我們以為的還要精煉、還要深邃。

每次走過齋菜館，那股細微而惱人油耗味，總讓我回憶起外婆在市場裡買的素火腿，還有那些陪她上街買菜的美好時光；淡淡玫瑰香氣，是我對家的溫暖印象，那是擺在舊家門口的一束乾燥花；不論身處何方，只要聞到剛出爐的麵包香，眼前的街景就會像拼圖一般快速轉換，回到巴黎十二區，那間總是大排長龍的麵包店。

「我的辦公桌上有十五瓶香水。」史丹語氣平緩地說。「也許是身處香水產業，我無法滿足於只使用一種個性化香水。因為對我而言，香水必須反應我此時此刻的心境、情緒，還要配合場合，就跟選擇服飾一樣。

「比如說，待會兒我有場重要會議，我就需要強烈、直接的香氣，不僅讓自己轉換到備戰狀態，也讓別人感受到我的強悍；如果下午需要平靜、需要靈感，那麼我可能需要安撫心靈的味道，還得帶點刺激感，幫助思考；晚上去健身房時，香水就得非常舒服、清新，陪著我放鬆。」史丹是使用香水的高手，內心裝著數不盡的框架與墨水，以香水形塑、描繪每個日常時刻。

「對我來說，有些香水有絲緞的味道，所以若晚上有浪漫約會，我不需要穿著絲緞長禮服，只要噴上那款香水，就能瞬間擁有那股優雅與自信，即使穿著長褲，也能展現性感風範。」朋友夏洛特邊說，眼睛睜得其大，語調流暢溫柔，我幾乎要乘著她的想像，感受那種絲柔觸感。

我們都同意，香水能在需要的時

候帶來自信。擁著對香水的愛慕，相知相惜的我們似乎能望見對方眼裡的冉冉香氣。

香水除了是個人形象的一部分，也可能是某一場難忘的人生際遇，更可以是當下念頭、情緒的表達與紓解。法國總被形容為最重視感官、欲望的國度，嗅覺當然必須在美學光譜之上，被豐盈地滿足。像個巴黎香氛迷一樣，隨時關注細膩的嗅覺感受，適時給予鼓勵或安慰，亦是活在當下、細緻的法式人生哲學啊。

用心體會，品味細節的哲學。（攝影／Tsai Po）

香氛讓空間更巴黎

為何著迷於香氛蠟燭？我猜沒人能給合理答案。因為沒有它你仍然能過得很好，但有了它，人生再也不愁浪漫。

法國的生活讓我學會許多嶄新事物，其中一項則徹底翻轉日常，讓人甘願餓一餐飯、少買件洋裝，就為了在夜裡燃起一只香氛蠟燭，讓溫熱的燭火縈繞，滿室飄香。餐桌要點上、茶几上要備妥、浴缸旁要擺上，房間裡當然少不得。若夏天不宜看見燭火，那就一定要有擴香。

若問為何著迷於香氛蠟燭？我猜沒人能給合理答案。因為沒有它你仍然能過得很好，但有了它，人生再也不愁浪漫，開心時點來增加慶祝氣氛，低落時點來安撫情緒；早晨點起一盞精神，睡前點一襲助眠。有質感的居家香氛，不僅讓生活隨時沐浴芬芳，稍加擺飾，又是令人心曠神怡的視覺享受。

巴黎人對香氛品牌各有所愛。

香氛與空間的對話

diptyque全球創意總監米希安曾告訴我一句話，讓我記憶深刻：「好的香氣能和你對話，好的香氛品更能與空間產生良好互動。」

我好奇地問：「在您的世界裡，什麼空間適合搭配什麼香氣？」

「香氣的感受很個人，但對我來說，的確有一定的順序與安排。浴室裡，我喜歡薑、沉香這類較沉穩、溫暖的味道；房間裡則喜歡小蒼蘭、玫瑰、茉莉、橙花等，香調甜一些、溫柔一些；廚房就習慣茶香、榛樹、香草，不要太甜，與食物比較相關的味道；辦公室偏好使用複雜一些的味道，辛香、木質調，都是我的選擇。」在米希安的說明之中，彷彿可以透視她的描述，想像她家裡的陳設與裝潢。

米希安接著說：「客廳和起居室就能有很多變化了，甚至可以隨著季節變換。冬天我喜歡炭木、琥珀的溫暖沉靜；夏天就換成清新舒適的馬鞭草、薄荷。」米希安以藝術家的口吻形容她眼裡的香氛：「你我都是生活裡的調香師，不要執著於任何規則或教條，相信你的嗅覺，調製專屬香氣。花香可以和辛香共譜，木質與柑橘調也意外合拍，享受想像與真實的碰撞，大膽點起兩盞香氛蠟燭，和空間一起感受這種美學。」

巴黎人家中的香氣

居家香氛一向是巴黎生活不可剝奪的一部分，朋友們各有心頭好，各有各式收藏。尼可拉偏好象徵法式傳統的 Cire Trudon，這個一六四三年創立的蠟燭品牌，從路易十四時代即馥郁宮廷，點上一盞火光，彷彿與瑪麗皇后（Marie Antoinette）分享同一種溫度，饒富歷史趣味；史丹則喜歡新興品牌 Byredo，揉合斯德哥爾摩、巴黎兩個城市的新與舊，加上品牌創辦人的印度背景，蠟燭香味摩登且充滿個性，很符合潮流人士口味；黛安則是最近在巴黎如日中天的品牌 Buly 1803 的信徒，第一家店就坐落於左岸的波拿巴路（Rue Bonaparte），一個被遺忘

香氣是營造空間氛圍的重點。

的老品牌，透過嶄新的行銷與經營重生，對法國人來說，肯定特別浪漫；卡蜜則是diptyque的忠實擁護者，從香水到香氛蠟燭，皆是她獨有的嗜好。

卡蜜的公寓一隅，藏著她在市集蒐來的仿古畫、diptyque香氛蠟燭、電子擴香（un air de diptyque）、連鎖超市撞見的超值大理石盤，成了低調卻隱隱發光的法式風情。這一幕想放進心裡的景色，讓人理解所謂家居裝潢布置不必豪奢，重點是怎麼在一般人會忽略的角落，擺上一些心意、一段時光，讓平凡日常不再味同嚼蠟，而是嘗來深邃、滋味豐富的絢麗多彩。

我們在一旁享用餐前香檳、吃飯、飲酒、聊天敘舊，眼角餘光落在這些小巧用心的香氛品上頭時，總覺得嗅覺也正強烈感受著愉悅，五感的歡愉同步跳躍進行，或許這就是香氛、空間與人之間永難言喻的情愫。

香水無疑是一種個人風格，居家香氛更是一種生活品味，無時無刻不以美妙的嗅覺節奏，譜著一曲法式生活美學的奇美樂章。

partie

4

這才是真正的巴黎人

巴黎一向有個矛盾形象，
遠望浪漫多情，充滿粉紅色氤氳，
一腳踏進卻發覺溫度驟降，
於是「冷漠孤傲」、「不可一世」，
成為許多旅人對這個傳奇城市的暗黑記憶。

AU ROCHER DE CANCALE
HOUSE SALAD CAFE
Salad bar
Juice bar

臭臉是最好的防護罩

臭臉是最好的武器，即使想認識新朋友，臭著臉才能把主控權掌握在手上。記得——不要笑！

巴黎一向有個相當矛盾的形象，遠望浪漫多情，充滿粉紅色氤氳；一腳踏進它的光圈，卻發覺溫度驟降、難以親近，於是「冷漠孤傲」、「不可一世」這樣的形容詞，成為許多旅人對這個傳奇城市的暗黑記憶。

巴黎人的冷漠非三言兩語能形容。這偌大的城市，容得下巴黎人，也容得下千千萬萬個來自四面八方，乘著飛機、高速火車、觀光船來的遊客，巴黎都會區每年來訪約有四千兩百萬人次。來來去去的遊客，加上待得稍微長一些的遊子，鳩占鵲巢一般，占據了餐廳，盤據了公園，將巴黎擠得水洩不通，成了不間歇的喧囂。

然而，帶著閒適心情來到這美麗城市消費、享樂的遊客，對比在此孜孜矻矻求學或工作的巴黎人，說到底休閒與討生活畢竟是兩種心情，難免相互不理解。加上層層疊疊、解也解不開的文化差異，一時的誤會與衝突，時常成為雙方一輩子不悅的刻板印象。

「可是你可曾想過？有時候外表的冷漠不是冷漠，外表熱情、內心冷漠的人，才是真正可怕！」我的巴黎友人表情認真地說，手勢配合聲音，在空中誇張地搖晃，好似一定得這樣才能表達內心的激昂。

巴黎人不輕易讓你看見他的熱情。

維持禮貌反而麻煩上身

冷冽的一月天，巴黎正下著大雪。白皚皚的屋簷連著一系列的白直落到地，和積雪融成一片。好不容易擠上地鐵，那天不見巴黎出了名的冷漠，反而初次感受陌生人相互倚靠的溫暖。地鐵搖搖晃晃地，緩緩駛入不熟悉的區域。

好友約定在這裡碰面，因為離他公司近，「妳也該離開瑪黑區看看另一種巴黎。」他挑著眉說。

新凱旋門的全名為拉德芳斯新凱旋門，位處金融業的集中區域。如果背對著羅浮宮旁貝聿銘設計的玻璃金字塔，向著香榭麗舍大道一路望過去，矗立在凱旋門後方的就是新凱旋門。現代感十足的建築，象徵念舊的巴黎人始終抗拒的創新，卻仍又一次順著時代的洪流推進巴黎，不近不遠就掛在邊兒上，時時提醒。

跟著西裝筆挺的人群，我鑽進這個絲毫不見巴黎味，反而充滿科技氛圍的明日世界，人們腳步飛快、心事重重，熟悉的「巴黎派閒適」消失得無影無蹤。我難得東張西望、左顧右盼，已經很久沒這麼像個觀光客，終於找到朋友口中的那家咖啡廳，便在灰撲撲的水泥色中庭裡找了個位置，想在這一堆現代建築之間，理出一絲我仍在巴黎的線索。

每次新朋友得知我曾在巴黎留學，不禁好奇的第一個問題總是：「人在巴黎，很容易有豔遇吧？」眼下這情況我正好能回答你：遠遠地就能感覺到一雙不帶善意的眼睛，打量著妳的來龍去脈。

基本上，只要眼神別投射回去，這個陌生人就會打退堂鼓、另尋目標，偏偏我剛和朋友通完電話，眼裡還留著笑意，就這麼不偏不倚落到這位男士的眼裡，果不其然一秒不到，他起身向我走來，一屁股坐在我眼前，問我從哪裡來？心情好嗎？等人嗎？晚上去哪？我一個問題都不想回答，他便把椅子移得更近，沒完沒了地湊著我的臉說話。我表情盡是尷尬，心裡巴不得他趕緊離開，但我的亞洲式微笑卻始終掛在臉上，畢竟我們從小就認為，笑容是一種禮貌。

這時，坐在一旁的一位陌生女子，突然開口說：「她覺得不好笑，你看不出來嗎？」然後把臭得不能更臭的臉，正對這名前來搭訕的男子，彷彿一場風暴就要展開。這個男人於是聳聳肩，好不容易吐出兩個字：「好吧。」然後悻悻然地離開。

這場及時雨溫暖得可以，我滿臉感激望向這名女子，標準的巴黎女人，頭髮有些凌亂卻帶著一絲性感，一身俐落深黑，柔軟蓬鬆的駝色圍巾掛在肩上，眼神和語氣都很嚴厲地對我說：「應該待巴黎一段時間了吧妳，怎麼還這麼愛笑？」看著一臉狐疑的我，她接著說：「微笑就是同意。妳不能走在路上面對一堆陌生人，還表現得這麼容易親近，這樣很危險。」

我張大了眼睛，像聽有趣的故事一樣，聽著這個美麗的巴黎女人給我的當頭棒喝。

「臭臉是妳最好的武器，女人要懂得保護自己，即使想認識新朋友、新男人，臭著臉才能把主控權掌握在手上。記得——不要笑。」

我們接著聊了整整半小時的天，直到被會議耽擱的朋友終於赴約，竟大意忘了留下這位出手相救的「女俠」的聯絡方式，她的臉和她的勸告，卻永遠印在腦袋裡，成為永難忘懷的文化學習課程。

那天之後，我再也不需要忍受無聊的搭訕和不懷好意的陌生人，我在巴黎的日子過得更加自在而安全，只因為「臭臉」成了我的防護罩。

別總是親切有禮，是巴黎人教我保護自己的方式。

絕不壓抑自己的「個人意見」

大部分的法國人對什麼都有意見，或說做為一個人，本來就該有獨立思考後的想法，既然有想法，為什麼不表達呢？

一開始，臭臉只是一種工具，或說武器。

一直得等到巴黎待得更久一些，更了解巴黎人的個性後，才發現臭臉背後的意義遠大於它的防護罩性質。

「沒意見」造成大問題

「南西，妳認為如何？」「南西，妳覺得呢？」「南西，妳同意嗎？」……人在巴黎必須習慣的另一件事，就是不論什麼場合，不論何種話題，老是有人會表情嚴肅地詢問你的意見和看法。

這時候，我們文化一向擁抱的以和為貴，在此表露無遺，我時常笑著回答：「都可以啊！」「不確定呢。」「都有道理。」……

仔細回想一直以來學校和職場給的教育，大多是非黑即白的是非題，申論題最好跟大家類似，不能太叛逆；教官總是嚴辭糾正某些人的不一樣，比如說球鞋上的那條粉紅色細紋、穿線的襯衫、過黃的髮色等；甚至有老師要求學生說明家裡的政治傾向，然後灌輸特定的意識型態，因為你不應該和人群不一樣；工作上也不太鼓勵員工說實話，所謂逢迎拍馬、阿諛奉承，一直是大家習以為常的慣例。

這麼說來，順從向來是安全牌啊。那些精采多元的「差異」，總是躲在偽造的正常和偽善的秩序後面，一直退、一直退，退到我們失去思辨的能力，退到我們喪失了反抗的意志，退到我們忘了自己是誰。

如此追求齊頭平等、沒有異議的世界裡，身在法律人家庭的我何其幸運。餐桌就是辯論場域，每天都是無止盡的演講比賽，新聞上每個話題，都得鉅細靡遺地談，真理有時在答辯中露出曙光，又或者，真理是一條永無止盡的論述之路，但至少身在其中。

然而一踏出家門，個人意見不能見光，辯論更成為眾矢之的，能避免就得避免。畢竟我們的文化總是希望人們避免衝突，即使心裡有的是想法，也要為了表面的和平，把話吞進去。我們甚至學會「順著毛摸」，在討論即將展開的一瞬間，順著別人的話，理出一個似是而非、模稜兩可的道理，鄉愿的兩邊討好，幾乎成為本能。

順從，是不是已經內化成理所當然的個性？

直到有一天，在巴黎的課堂上，我被指導教授連珠炮似地追問對某個問題的看法，我引經據典地從各個角度分析，卻只得到教授連三次的追問：「南西，妳必須拋下對於對與錯的執著，告訴我妳真正的想法。這真的是妳真正的想法嗎？這真的是妳真正的想法嗎？這真的是妳真正的想法嗎？」

我一時語塞，突然感到一陣暈眩，難道這些年來，求知、求真的欲望已經消耗殆盡了嗎？或說到底，腦袋裡那些翻滾躁動確實存在，只是不敢說出口呢？

另一次文化衝擊，發生在和法國友人的餐敘之間。

有個巴黎男生很好奇地問我：「南西，為什麼妳的日本朋友山崎，從來都不發表意見呢？」我一時也答不出個所以然，他接著問：「他跟妳同樣學歷嗎？還是他法文說得很差？」

我想起這個短暫待過巴黎、法文其實說得非常好的朋友，他拿的可是博士學位！就因為他不太表達意見，也時常說：「都可以。」法國友人便以為可能是他的學歷或語文能力欠佳。

沒有意見等於欠缺獨立思考能力，這樣的連結實在是我們很難想像的。

有想法，就表達！

「大部分的法國人對什麼都有意見，或說做為一個人，本來就該有獨立思考後的想法，既然有想法，為什麼不表達呢？」身為一個充滿自信的巴黎女人，好友白婷輕輕地說著。

天清氣朗的九月天，我們漫步在巴黎街頭，想找間有陽光、有可口甜點的角落歇歇腿。這間藏在左岸蜿蜒巷弄裡的瑪莉茶，擠滿了巴黎人，竟一個遊客也沒有。

「這裡是尚未被入侵的一塊淨土。」白婷開了個玩笑，入門便與熟識的咖啡廳老闆寒暄，給我們安排了靠窗的位子。九月的陽光輕飄飄的，像粉色、白色的棉花

坐在瑪莉茶溫暖的座位，白婷告訴我巴黎人是怎麼想的。

瑪莉茶 Marie Thé

102 Rue du Cherche-Midi, 75006 Paris, France
+33 1 42 22 50 40

糖，軟綿綿、一片片落至肩上、地上，總是暗自期望著別下雨啊，別破壞了這片夢幻。

輕柔的陽光照著對坐的兩人，在暖得暈眩的錯覺中，我們點了咖啡、花草茶，還有老闆娘當天現做的手工巧克力派，外表雖然一點也不華麗，但入口滿是親切、紮實的家鄉味，嘗得到濃厚而質樸的人情。我們以表情讚賞這份美味，也送給遠方老闆娘一個滿足的微笑。

「在法國文化裡，個人意見非常重要。」身為在臺灣生活近三十年的法國人，白婷娓娓道出了想法：「我在臺灣生活這麼多年，當然理解臺灣人的友善和有禮，那是很美的特質。但我也覺得臺灣人習慣壓抑內心的情感或意見，無論對個人、甚至社會，都不是一件健康的事。因為那違反自然啊。」我不禁點頭稱是。

每個細小的文化差異，都能寫出通篇省思與道理。文化可以是信仰，文化卻也能成為包袱，端看如何演繹。

我曾在一本描繪巴黎女人的書上看到一段有趣的描述：「今天一大群人在聊天，假若這個話題妳其實一點兒也不熟，別擔心，先反對！這才是巴黎女人該有的態度。」

也許，當眼前的巴黎人大聲嚷嚷著：「我反對！」的時候，只是一種技術性武裝，別急著慌了手腳。姑且不論這些聽來有些尖銳的宣示背後，究竟是飽讀詩書，還是鼓著肚子充胖，都足以顯示這個城市對「個人意見」的重視，以及無懼表達的勇氣。

一旦活在這麼一個鼓勵展示色彩、激辯的城市，為了站穩自己的立場，當然需要時不時地充實新知，讓腦袋與時俱進，想來也不失為美事一件。

這是一個鼓勵發表意見的城市。（攝影／Edgar Chen）

抱怨和衝突，有益健康

如果說巴黎貴在多元，那他們不分領域、種族、居住區域、收入職業的唯一共通點，就是很懂得「抱怨」。

剛到法國時，為了迅速融入法語環境，時常收看當地的電視節目，但怎麼看，都只看到一群正在吵架的人。談話節目來賓對新上任總統即將施行的經濟政策，人人辯得臉紅脖子粗；綜藝節目也有許多人激動討論坎城影展的星光大道，誰的穿著才是時尚之恥；關上電視想圖個清靜，出門採買，竟在路上撞見正在聊天的鄰居，音量之大貌似就要大打出手，聊的卻是哪一家的蛋糕適合做為迎賓禮物，直到看到他們開心地結束話題，親吻著臉頰道再見，才終於了解，原來我來到一個和成長文化大相逕庭的國度。

巴黎人似乎並不避免衝突，或者應該說，他們不認為衝突是不好的事。

不抱怨的人生太無趣

某天，好友瑟琳與我約在巴黎市政廳附近的一處咖啡廳，正好問問她對「衝突」的看法。那時已是初秋，我們點了一壺夏布利白酒，想在陽光尚未消失前，享受一下午的悠閒。她訴說著早晨在公司裡發生的衝突，說得義憤填膺，順手點起一支菸，以巴黎人最擅長的抱怨口吻與姿態，開啟我們今日的約會。

人在巴黎，我學會一個道理。如果說巴黎貴在多元，那他們不分領域、種族、居住區域、收入職業的唯一共通點，就是很懂得「抱怨」。跟你越熟，你們之間的對話便一點互相恭維、吹捧的蜜月期也不給，充斥著對生活、工作、社會、政治、家人好友的嘮叨與抱怨。

「這樣好嗎？」一開始我時常覺得困惑。畢竟我一直信奉正向思考哲學，要求自己嚴格執行「不抱怨運動」，以不抱怨換來正面能量，以解決問題取代無意義的埋怨。但人到了巴黎生活，面對這排山倒海而來的抱怨文化，一開始幾乎是難以招架的沉重。

直到有一天，自詡為文化觀察家的我，終於發現巴黎人的抱怨原來已經進化成一種本能。這麼解釋好了：說者無心，聽者無意。這抱怨不帶期望，不求聽眾給答案；聽眾也不想給答案，頂多只丟給你一些角度，要你自己想，或兩個人討論討論，僅此而已。總之，抱怨僅是情緒抒發的過程，不問因、不求果，像某種心理治療，壞能量不會往任何一個人的心裡去。

想通了這一點，我茅塞頓開。真正的好友甘心當個沒有底的垃圾桶，抱怨一進一出，不要一分鐘；抱怨個沒完的朋友，情緒也得以釋放抒發，所謂兩廂情願，

與朋友相聚、抱怨生活瑣事，就是抒壓！

好個展現親密的抱怨文化！

接受和自己不同的想法

天色暗了下來，而瑟琳仍在抱怨。我乘著抱怨的節奏，點著頭，喝著略帶果酸味的白酒，心想人生真是愉快，一壺酒、一抹微風，身旁坐著一位彼此在乎的朋友，夫復何求。瑟琳的偽心理治療終於告一段落，我問她：「妳覺得巴黎人很愛吵架嗎？」

瑟琳挑著眉說：「不能說是愛吵架，這是個人主義，也是獨立思考。如果獨立思考的能力很強，便很容易和別人意見相左，一旦一言不合，衝突就難以避免，但又何必避免呢？比如妳跟我成長背景如此不同，怎麼可能想法一樣？」瑟琳接著說：「所以面對同一個議題，我們從不同角度看，然後盡情討論，不是件很愉快的事嗎？」

我問：「即使吵得面紅耳赤也沒關係嗎？」

「重點是過程。在談話，或妳所謂『吵架』的過程中，雙方都誠實表達了意見，這才是重點，這就是言論自由呀！身在自由的國度，怎麼能不去享受這個權利？

如果你我都不表達意見，把情緒隱藏起來，那是對自己不誠實，對別人虛假，誰都對不起呀。」瑟琳拿著酒，我們相視而笑，好似達成一種輕如鴻毛卻重於泰山的文化和解。

崇尚「真」，屏棄「假」

對於好惡，我認識的法國人幾乎都毫無保留，喜歡就是喜歡，討厭就是討厭，沒有曖昧的灰色地帶，從不時興那種內心小劇場。

無論在何處，即使是法國，也無可避免地在某些正式場合上演著高來高去、相互抬轎的虛偽劇碼。但在巴黎的庶民生活裡，我認識的法國人大多直率真誠，很少見到虛假的面具。因為在這崇尚個人主義的社會裡，不僅強調自我價值，更擁抱多樣性：一是鼓勵表達個性，二是壓根不存在必須仿效的標準樣板，專心做自己，似乎是再自然不過的生存方式。

好惡分明，沒有灰色地帶

「我不喝咖啡啊！」第一次聽到好友尼可拉一臉自在的自白，我差點把嘴裡的熱飲吐了出來。在巴黎飲食中舉足輕重的咖啡，這個巴黎人居然能悠哉地拒絕，因為他壓根不覺得跟別人不一樣是什麼問題，只是真誠表達出對咖啡的厭惡，僅此而已。

我也曾聽見巴黎好友夏洛特大聲嚷嚷，「我很討厭薩科齊，因為他是白癡。我也討厭歐蘭德，他極度無能。」對前後兩任總統的不滿表露無遺。對於好惡，我認識的法國人幾乎毫無保留，喜歡就是喜歡，討厭就是討厭，沒有曖昧的灰色地帶。

法國人的個人主義，或說好聽一點，他們的「真」，更淋漓盡致地表達在脾氣上頭。街頭隨時可見爭吵場面，多得可以寫一套叢書。我曾看過穿著禮服的優雅女子，以極大聲量斥責一旁對她吹口哨的無禮男士；也曾在電信公司的服務檯，看著客人與店員激烈口角長達十五分鐘，最後在店經理失控的吼叫聲中結束；也曾經見過無數次情侶街頭鬥嘴，然後又忘情擁吻。這一幕幕真實人生，都是他們心底深處的情緒，只是他們從不時興我們那種心裡的小劇場，他們的一舉一動都代表著此時此刻的喜怒哀樂，毫無壓抑保留，一股腦地表現出來。

掏心掏肺，毫無保留

走在巴黎街頭像看戲，看遍人間百態；交朋友則像煲湯，得慢慢燉，跟這個迷人城市一樣，總要人放慢速度，細細品嘗。等到這鍋湯熬得差不多了，材料都化成濃郁的湯汁，便是見識這些看似高傲的靈魂真正模樣的時刻。

所謂好友間的「掏心掏肺」，我在巴黎才初次體會那極致的程度。我能細數某位巴黎女生好友的情史，還有她家祖宗十八代的故事；或熟知一位巴黎男人艱苦的童年、順遂的求職生涯或堅定的政治立場，絲毫沒有半點隱瞞。巴黎的真誠，尤其藏在純粹的友誼裡，總讓我受寵若驚。

巴黎的生活經驗，把射手座的我磨得更加坦白直率，更敢於表達心裡本來微小的聲音，為了正義大聲說話，懂得據理力爭，因為我懂了真誠的價值。很多人說我回亞洲肯定處處碰釘子，我也的確這兒那兒地碰得滿頭包。但誠實的自己一旦找到了，很難再戴上面具。而且衝突如果能換來自由，即使頭破血流，只要深夜療傷時仍對得起自己，就是問心無愧。

直接表達情緒，無懼衝突

巴黎的雨來得急、去得快，雨絲嘩啦啦地洗刷彎曲的石子路，洗淨露天座位裡吞雲吐霧的煙圈，空間和空氣看來、嘗來特別清晰乾淨，像是不願留下一絲痕跡。

巴黎人的性格看來也是，在表達情緒的當下，每個人都極度自由，衝突只是一種自我表達後無可避免的衝撞、交錯、降落，也許終於理出了蕩氣迴腸的結論，也許其實根本不需要，他們求的是過程，那過程象徵著自我意志真正的無拘無束、無所畏懼。

法國思想之父伏爾泰曾說：「我並不同意你的觀點，但我誓死捍衛你說話的權利。」一凡是追求言論自由的歷史時刻，這句話總是最強而有力的教條。法國人顯然懂得箇中奧妙，以獨立思考、表達個人意見、甚至擁抱衝突去身體力行。

至於衝突後的「風度」，那就各有各的修行，各有各的體悟了。

服務業和你想的不一樣

我們受日本文化影響極深的「以客為尊」概念，巴黎人沒聽過，也不屑理解。畢竟，你我都是地位平等之人，沒有誰擁有呼來喚去的權力。

「剛剛那個咖啡廳的侍者好沒禮貌！」

「那家精品的服務態度也太差了吧！」

諸如此類對服務業的抱怨，總是親朋好友造訪巴黎的第一道難關。我總是諷刺而苦笑著說：「歡迎來到巴黎。」其實千言萬語、千頭萬緒，都得從這巨大的文化差異講起。

高傲的巴黎服務

喝咖啡、吃美食、購物，皆是巴黎的全民運動，而服務業的第一線人員，臉上卻大多掛著舉世聞名的巴黎式臭臉。這跟他們的個人主義絕對脫不了關係，而且在他們觀念裡，沒有任何一種職業，必須卑躬屈膝地服從於另一方的權勢或地位，人生而平等，職業只是一種選擇。

我們受日本文化影響極深的「以客為尊」概念，巴黎人沒聽過，也不屑理解，誠如他們對麥當勞和星巴克的恐懼與排斥。即使只是咖啡廳，也有巴黎式服務獨有的節奏，隨著經驗和理解多了，任誰也能悟出一套流暢的道理。

首先，既然大家地位平等，就沒有人擁有呼來喚去的權力，在咖啡廳和餐廳，若非必要，請盡量避免主動要求服務，因為服務生自有他們工作的節奏，等他們忙一個段落，自會來詢問你的需求。除非你認為等待時間實在太長，別忘

懂得他們，他們也回報以理解。

了，巴黎的時間觀念比任何地方都緩慢，而且他們很習慣等待。別急著舉手，而是練習把你的眼神，投到離你最近的侍者眼中，如此他不僅懂了你的需求，還懂了你的貼心！也許你將獲得前所未見的溫柔服務。

直接表達情緒，不怕翻臉

只要踏上巴黎的領土，永遠記得一件事：他人的情緒與你何干，絕對別往心裡去。千萬別把這種現象無限上綱解讀為種族歧視，因為這十之八九真的僅是文化差異，別為你優雅而愜意的旅程蒙上不必要的誤解。即使是道地巴黎人，也時不時得承受這些服務人員的脾氣，我就曾經聽見朋友嘟囔著：「算了，他恐怕是剛分手吧。」然後舉起酒杯，忿恨煙消雲散。

不過呢，人群裡總有些害群之馬，如果哪天真的遇見不可理喻的服務態度，或真的感覺受到侵犯，那麼我們當然也能像巴黎人一樣，將不滿的情緒盡情釋放！

我有個巴黎友人曾被服務生搭訕，拒絕後一直忍受他的諷刺和騷擾，於是她緩緩站起身，表情一沉說：「我沒有見過如此不尊重女性的男人，你有什麼問題嗎？你有病嗎？我要求見店經理，或我即刻報警。」鄰桌的幾位客人立馬出言幫忙，店長也立刻前來致歉。

在巴黎，情緒永遠歡迎直接表達。比如有一次，我在一家餐廳用餐，服務生愛理不理的態度讓我非常不舒服，毫不用心解釋菜單，開酒也不專業。我的臉立刻臭到不行，不客氣地回敬他的不敬業。結果這個服務生居然轉換了態度，不僅藉由攀談緩解氣氛，最後還送上兩杯酒！雖然什麼也沒講破，但他明顯看出我的不悅，也許他從來沒看過慈眉善目的東方人擺個大臭臉？來到巴黎，真的沒必要忍耐，就讓你的脾氣和情緒，也放鬆的度個假吧！

partie

5

活得像個巴黎人

巴黎人教人摸不著頭緒，冷漠中藏有可愛的直率，
自我卻揉合了對國家團結的認同，
厭惡財富但執著品味，嘲笑效率又眷戀傳統，
種種矛盾，碰撞成獨一無二的巴黎人。

只有我知道的「好」東西

「好」，不是盲目的跟風或流行，巴黎人眷戀的好去處，每個人各擁專屬名單，若有相似重疊，只是所見略同，絕不是盲從。

尼可拉這天帶著我來到了他最近熱愛的小酒吧Bar O，就藏在一家新穎的精品酒店一樓。這家小型酒店名為「奧德賽」，由年僅三十八歲、享有「法國天才設計師」美譽的著名設計師奧拉伊托（Ora-ïto）操刀規畫，木頭色為基底，流線型的未來感與深淺綠色則主宰了視覺，將這處藏身巴黎市中心的酒吧，變身極簡主義的燈塔。

帥氣的酒保走到桌邊，親切地問我們想喝些什麼調酒，他希望我們給他「三個單字」，他便會利用想像力和專業，做出一杯獨有口味！這或許不是什麼領先世界的噱頭，但巴黎人那股傲人自信，配合著對職業如臨深淵、如履薄冰的謹慎，還是讓人特別期待成果。

奧德賽酒店 Hôtel Odyssey par Elegancia

www.hotelodysseyparis.com
19, rue Hérold 75001 Paris - France
+33 1 42 36 04 02

「週末、氣泡、成熟」，迸出了這三個字，他頭一點、眼睛一眨，華麗轉身回到吧檯後方，開始用心創作。後來上桌的這一杯酒，入口的些許苦澀，帶出回甘的尾韻，就著杯緣的跳跳糖，還有香檳奢侈的刺激，口中彷彿成為舞池，燈光閃爍，真的像極了微醺的週末。

「我喜歡這種小又有特色的地方，而且一個酒吧的靈魂，永遠來自酒保。」尼可拉眼裡的「好」，一向不是盲目的跟風或流行，要符合他的喜好，一定得很有態度、帶著藝術性、還要鮮少人知。巴黎人眷戀的好去處，每個人各擁專屬名單，若有相似重疊，只是所見略同，絕不是盲從。

「我恨死了一窩蜂。」至少巴黎人都是這麼說的。

貴，不等於好

「錢不代表一切，你可能富可敵國，但心靈貧瘠，連眼前的一幅畫也分不出好壞。那人生還有意思嗎？」聽到財富絕對位於金字塔頂端的馬爾梭這麼說，的確發人省思。

馬爾梭住在富人區七區，標準的頂級法式住宅，空間寬敞，即使看得出公寓上了年紀，仍整理得纖塵不染。牆壁上、壁爐上盡是藝術收藏，卻沒有一絲豪奢鋪張。他正穿著一件藍色圍裙，在廚房裡照料香氣逼人的紅酒燉牛肉，那是他的招牌料理。和他一起生活了二十年的伴侶，陪著我們悠哉地坐在客廳聊天，她很少下廚，因為馬爾梭熱愛烹飪。

「貴的東西不一定好。但好的東西的確較難便宜。畢竟好的東西特別需要時間孕育，更需要真功夫打底的專業，這些都是工業化、標準化也省不了的成本啊。」馬爾梭拿出起司盤，上面有好幾種早晨才去市集採買的起司，全以不同的切法呈現，畢竟每一種起司得以不同切法展現最佳風味，這可是美食家的共識。

「擁有財富當然是件幸運的事，但如果為了贏得那點財富或守住這點存款，必須放棄和家人相處的時間，或必須捨棄對一些生活樂趣的愛好，那才叫人生憾事。」我們為了馬爾梭的這席話舉杯慶賀，慶祝這只屬於法國的享樂主義，振振有詞地教我們什麼才是美好。

比起奢華，品味更重要

走在巴黎街頭，愛車的人很容易發現這裡似乎少見昂貴名車，沒有紐約第五大道上氣派的加長型禮車，更不見倫敦攝政街上拉風的豪駒爭豔，讓不少滿懷期待的旅人大嘆失望。

若想看奢華派頭，來巴黎肯定是錯了方向，這與歷史發展有著極大的關聯。眼看鄰近的荷蘭、比利時、盧森堡、西班牙甚至英國，當今仍有皇室，法國卻早在西元一七九三年，就把路易十六送上了他當初親手設計的斷頭臺，手法極端地訣別了財富極度集中的封建體制，走入以「自由、平等、博愛」為號召的共和。

「所以當一個人幸運地擁有比較多財富時，他就得低調一點，因為很多人還在受苦受難，有錢絕不是能拿來說嘴的事。」某位不願具名的巴黎好友說。「在巴黎社會裡，炫富根本是一件很低俗，而且欠缺同理心的事。」

「那錢都花到哪裡了呢？」我不禁好奇地問。

「度假！還有數不盡的生活細節，比如餐具、家飾品、喀什米爾蓋毯。當然也包括好好吃飯。我更收集很多藝術品，我很喜歡當代藝術。」她眨眨眼，要我不需要把這些寫進書裡。可是為了完整呈現巴黎人的價值觀，只好撒了個善意的謊。

的確，比起財富，我認識的巴黎人更重品味。品味也許與生俱來，也許後天養成，但總是不可剝奪的個人特質，它是刻在眼光與人生裡的，別人想拿也拿不走。財富或許含著金湯匙，或許胼手胝足，但堆砌起來的僅是座金山銀山，他人可搶可奪，一碰就可能碎了一地。

刮起「公平貿易」風

某一年深冬，穿著厚重大衣，一早就得去參觀學校指定的展覽。難得灰撲撲的城市，地鐵一路向北直行，走進不是太熟悉的區域。還好與同學相約地鐵站口，一群人鬧哄哄的勇闖陌生街區，很快便找到一處老舊工廠，裡頭翻修成大型展場，正舉行著「公平貿易暨時裝概念展」。遠遠看見教授已經在現場與策展單位寒暄，我們便快步加入觀展隊伍，進入這處在世界各地正飛速轉動的生產鏈上，唯一使人停駐的嘆息與深省。

公平貿易運動形塑於一九六〇年代的歐洲，現在則發展成跨國社會運動，目的是有效提高勞動人權、社會公平與環境保護，相關產品從農產品、手工藝品到紡織品皆有，而時裝產業由於涉及大量原物料、勞工、開發中國家代工等議題，一直與公平貿易有著緊密關聯。

參展廠商多是歐洲各國實踐公平貿易的製造商與品牌，強調透明的生產流程、價格保障、原料取得，並具備詳細生產履歷，保障生產過程中所有參與的勞工都受到合理對待，環境也受到完整保護，是高度發展國家對供應鏈與生產線公平、公義的集體省思。

「所有的公平都是從一個良善的概念開始的。從今天開始，我希望你們對於『好』東西，能有新的思考。想得深一些、遠一點，換個角度切入，以一雙具備國際公平貿易認證標章的襪子，取代另一雙來路不明的便宜商品，你也許無形之中幫助了一個家庭，也讓這個社會離平等再近一小步。」教授以這段話總結了這天的校外教學。

從那個時刻開始，逛街多了層深刻的意涵，買了什麼、又穿著什麼，不再只是美觀或品味，華麗外表包裹之下，可能不只有甜美，而是關係到整個產業、甚或整個社會的集體剝削，所以選擇最符合公平價值的品牌，成了我的購物新觀點。巴黎就這麼開啟了另一個新的視野，教會我另一種貼心的美學。

藝術存在於每個街角

我認識的巴黎人與藝術的關係，不只是單向、被動的愛慕。他們善於主動將藝術融於生活之中，活成一種毫不做作的日常必需。

有一本作者自述巴黎人行為模式的書，前陣子在巴黎非常暢銷，很多主題都讓人會心一笑。其中有個章節談到巴黎人其實不太看展覽，這與我的觀察可是大相逕庭，不禁皺皺眉頭，回想起我在巴黎各大展覽的所見所聞。

我認識的巴黎朋友大多藝術涵養極佳，且非常熱愛展覽。每到假日，幸運如我，總有接不完的看展邀約，而且越小眾、越荒僻的展覽，總是擠著越多巴黎人。巴黎的展覽琳瑯滿目、千奇百怪，舉凡歷史地理、公平貿易、二手古著、現代藝術、時尚傳奇、聲光效果、乃至展出十九世紀專門描繪歡場女子的畫作，每一場展覽都是巴黎友人的小型聚會，熱鬧紛呈。

「妳認識的巴黎人，真的比較懂藝術嗎？」許多讀者不約而同地問了我這個問題。

老實說，這個問題很難回答，畢竟老話一句，巴黎人差異性很大，難以一言蔽之。但仔細觀察他們看展覽的姿態與反應，向來是比觀展本身還要驚奇的事。他們極其安靜，在每件作品前都站上一段相當長的時間，若有友人同行，討論得再激動熱烈，聲量仍舊小得可以；他們總是順著展覽的規畫路線，一件一件觀賞，影片或紀錄片也一定坐下來看完全程，然後表情滿足地離開；他們大多不太流連

巴黎四處都是展覽、都是藝術。

紀念品區，而是倏地遠離人群，身影消失在蜿蜒小巷，或窩在一旁的露天咖啡座，繼續在熙來攘往的遊客之間，享受屬於他一個人的週末時光。

除了對各式展覽傾心，我認識的巴黎人與藝術的關係，也不只是單向、被動的愛慕。他們善於主動將藝術融於生活之中，活成一種毫不做作的日常必需。走在巴黎街頭，突然經過一大片藝術牆，那是戰爭紀念攝影展；和朋友相約聽歌劇、看芭蕾，即使不能全懂，也被氣氛感染得感動落淚；受邀到朋友家用餐，家中用色、擺飾、裝潢盡是用心；就連逛古董市集，也能像走了趟博物館。

古物尋寶，熱愛老靈魂

某次趁著週末，跟著尼可拉伉儷到北邊的古董市集尋寶。巴黎北邊一向治安較差，得切記穿著低調，勿攜帶太多現金，特別留意財物安全，傍晚後切勿逗留。尼可拉的車熟門熟路地越過一些混亂的街口，直入相對安全的幾個街區，心情終於放鬆許多。看來為了美麗的古董與藝術，任誰也願意闖一闖。

這一趟逛市集，不只是隨意走走看看而已，其實心裡有個目標，希望買一套正統的銀器餐具，搬回家成為媽媽的收藏。這個據說是全世界最大的跳蚤市場，名為「聖圖安」，占地近七公頃，藏著無數二手舊貨攤商，更有豐富的古董收藏。商品的價格從臺幣幾十塊錢的飾品到幾萬歐元的古董家具，應有盡有，滿足所有喜歡老東西的老靈魂。

聖圖安跳蚤市場可找到許多藏有故事的老古董。

一聽說我有目標，尼可拉的眼睛一亮，拉著我四處探訪店鋪，我們就這麼在伍迪艾倫拍攝電影《午夜巴黎》的場景中悠遊穿梭。鑽進專賣各式銀器的店家，在疊得老高的古物裡尋寶，好像風一吹或笑聲一震就要散落一地；有些店家則只收最昂貴高檔的珍藏，頭抬得很高，一套十二只的Christofle純銀餐具，藏在精美的原裝盒裡，打開那一抹豔紅，將手工打造的銀器襯托得如同珠寶一般精緻與迷幻。

Christofle是擁有近一百九十年歷史的品牌，不僅是路易腓力與拿破崙三世的收藏，曾優雅地臥於皇室餐桌，更流入許多藝術收藏家與生活品味家的日常，每一

聖圖安跳蚤市場 Marché aux puces de Saint-Ouen

- www.marcheauxpuces-saintouen.com
- 99 rue des Rosiers, 93400 Saint-Ouen France
- 特別提醒：聖圖安跳蚤市場泛稱12個風格不同的跳蚤市場，在此提供的地址為占地最大的費內松市集（Marché Vernaison），也是伍迪艾倫的電影《午夜巴黎》著名場景，非常推薦由此逛起。

只都又沉又亮。

尼可拉對這些銀器如數家珍：「這是路易十四最愛的圖騰，這是路易十五喜歡的線條，這則是裝飾藝術風格。妳喜歡哪一種？」

每次和法國人談歷史，總覺得心驚膽顫，深怕自身的淺學壞了別人的興致，又擔心自己興奮得忘乎所以，讓歡騰的分享戛然而止，所以總像個小學生，先在腦子裡寫筆記，再回家研究。

傳統歐洲社會裡，只有教會與貴族皇室才能擁有的銀器餐具，象徵著地位與財富。銀器一般以白銀混合銅製成，添加銅是為了增加硬度，而白銀的含量不僅影響成色，更與價值與價格息息相關。法國的古董銀器一般含銀量最高，勝過歐洲各國；而銀器的花紋與設計，時常能清楚地

藝術不該高不可攀，而是讓人樂於親近。

反應某種藝術風格與其代表的時代，法國古董銀器因此成為收藏市場上的珍寶。古董銀器餐具的價格當然讓人覺得遙不可及，但復刻版同樣高雅，只要選對質感，平凡如我們，也能擁有上好收藏。

古董市場裡當然不只看銀器餐具，我們還逛了家具、繪畫、書籍、古著、藝術品，一直逛到店家準備拉上鐵門，才不甘願地離開。整個下午沉浸在舊貨的那股又愛又恨的歷史氣味中，突然體會了陳舊的美好。這種緬懷過去、珍惜舊物的精神，不只讓人懂得念舊的價值，更讓人想得深沉，不再那麼容易被喜新厭舊的物質主義控制，更驚喜地尋得品味人生的全新途徑。

所謂「藝術」，從來都不該高不可攀。那些最微小的細緻，讓人覺得美的所有事物，心領神會的瞬間，都是藝術化身的萬千姿態，存在於每個角落，讓眼神與感官的每一刻停駐，都是美好。這或許才是藝術真正的意義。

孩子們流動的盛宴

這個城市讓人隨時沐浴在藝術氛圍之中，每週都有新展覽、新表演，也能去學舞、賞畫。藝術對我們來說不像一個「科目」，而是生活的一部分。

在巴黎，看展覽不只是消遣時間的娛樂，而是探索文化的大事。所以在巴黎念藝術和時尚這類學科最大的好處，一是學校總費盡千方百計鼓勵你去看展覽，獎勵你走進博物館；二是教授甚至希望你多去逛街，花些時間散步閒晃，沒有指定的目的地。

畢竟這個城市，就是一襲流動

去一個美術館消磨一下午，絕不會空手而歸。

的美學。

博物館裡的校外教學

流連博物館、展覽的時間多了，自然能放慢腳步、心態，除了將每個展品看得仔細透徹，還能悉心留意身邊的人文景色。令我印象最深刻的一幕，發生在巴黎時尚織品博物館裡。

一群大約五、六歲的小小孩，跟著學校老師來到展覽的一處小角落，老師以對大人說話的成熟語氣，詳細介紹展品，也說明展覽的背景與歷史。孩子個個專注聆聽，每一張小臉都瞪大了眼睛，足以想像他們腦袋裡正在劇烈轉動的小小世界。

接著，老師要他們拿著手上的小畫板和鉛筆，在展覽裡找一個自己最喜歡的服裝款式，並將它畫在紙上。孩子們開心地一鬨而散，小小的背影，安靜地在展廳裡穿梭，有些人或坐或蹲，窩在地上認真作畫；有些則像資深藝評家，小手貼在透亮玻璃上頭，聚精會神地盯著這些櫥窗裡的古老布料，好似就要穿透裡頭的光影變化。

巴黎時尚織品博物館 Musée de la mode et du textile

www.lesartsdecoratifs.fr/
107, rue de Rivoli, 75001 Paris, France
+33 1 44 55 57 50

過了好長一段時間，當我逛了一大圈又回到原點，孩子們早已風光完成他們的時尚探索，止和老師、同學輕聲討論著自己的獨創作品。博物館成為是孩子們發表想法的自由講堂，每張好奇的臉龐，每個奔騰的小腦袋瓜，吐出的每一句天真與自信，才是美好而踏實的教育啊。

如果藝術教育必須從小開始，那麼城市中隨處可見的各種博物館，不正是最好的教室？與其讓孩子死記硬背那些藝術史與畫派，不如讓孩子用他們純白的心去記憶那些美感，思考這些藝術創作，讓想像力沒有束縛地運作。

從小接觸藝術，給予孩子想像的自由。

人在思想自由的時候，總能綻放最不可思議的能量。何不讓孩子無拘無束地享受藝術，或許他們的眼裡，能發現更偉大的世界，又或許他們能和美學、美感共同成長，然後成為比我們都更加細膩溫暖的人。

把孩子當成大人

法國父母與小孩的溝通方式也與其他文化相去甚遠，同樣發生在博物館附近，但這次在入口處，我正在排隊入場，隊伍前方有一對法國父母帶著一個年紀很小的孩子，這個孩子嘟著嘴、眼裡泛著淚光，看來有什麼心事。

於是媽媽開口問：「你願意跟我說怎麼了嗎？」完全以對大人說話的語氣。

孩子回答：「我累了，有點想回家。」

媽媽接著說：「你確定嗎？這是你想看的展覽，但如果你現在回家，就要下個月才能來看。你想清楚了嗎？」

孩子的眼睛轉啊轉，說：「那我希望我們下個月再來看。」

於是媽媽平靜地回答：「好，我們回家吧。」一家三口便在連聲與隊伍說借過之後，非常優雅地離開了人群。

隊伍中另有一對美國爸媽也遇到類似狀況，約六歲大的孩子在人群中又是尖叫又是哭泣，乾脆在街頭上演父子追逐搏鬥的場面，連拉帶拖地將哭鬧的孩子扛進了博物館，眾人看在眼裡，對無助的父母盡是同情。

相信不分國籍，父母都希望孩子乖巧聽話、不影響他人，但孩子的脾氣與想法一向難以掌控，教育本來就是天下最大難事。然而，眼前這一幕教養方式的驚人對比，讓人發現法國人一向注重的「獨立思考」與「溝通能力」，看來是他們家庭教育當中相當重要的一環。不論孩子年紀多小，都被要求開口解釋自己的行為與想法，再稚嫩的孩子都得學習為自己發聲。

從小培養的時尚品味

已為人父母的朋友造訪巴黎，我最喜歡帶他們去一家童裝品牌開開洋葷。Bonpoint是世界頂級童裝的代名詞，成立至今三十多年，是史上第一個以高級訂製服概念成立的童裝品牌。每件小巧的衣服都有細緻的質料、講究的剪裁，且比照成人時裝品牌推出的設計款式與行銷規格，在世界各地皆獲得空前成功，不只在最頂級的百貨公司設櫃，也在每個城市的指標性人街上，與世界級精品比鄰。

我尤其迷戀Bonpoint位於左岸的獨立店，造訪當然不只為了看這些精緻高檔的迷你服飾。外頭是一片嫩綠色中庭，陽光晒得金黃，室內則在濃厚法式鄉村風格裝潢之間，架起一座巨型木屋，一旁有洋娃娃推車，有散落的積木和玩具，儼然一座夢幻遊樂場。孩子們在店裡安靜、守秩序地玩耍，毫不失控混亂，更是令人大開眼界的景致。

巴黎人從小培養孩子的品味。

在這個神奇的空間裡頭，可以盡情觀察獨特的法式教育。總是輕聲細語的母親、與孩子認真對話的父親、彬彬有禮的小孩，還有不間斷的提問、答覆、溝通，簡直精采絕倫！如果坊間那些法式教養的書籍是你的心頭好，不訪走一趟Bonpoint，感受這些巴黎父母的現場演出，那可是實實在在、真真切切的日常生活。

童裝品牌的空間打造，一樣充滿童趣。

Bonpoint 左岸分店

www.bonpoint.com
6 Rue De Tournon, 75006 Paris, France
+33 1 40 51 98 20

讓「藝術」不是「科目」

「你覺得你們從小所接受的藝術教育，有何特別之處？」我正在九區的咖啡廳喝著沁涼白啤酒，突然問了好友IIC這個問題，癡癡望著隔壁桌那個安靜吃著甜點、看著梵谷畫冊的小朋友。

「其實，我不覺得我們的藝術教育有太過特別之處。不過，在巴黎出生、成長、生活，就是我們最好的藝術學習。這個城市讓我們隨時沐浴在藝術氛圍之中，不論是父母或小孩，不論性別、年齡、種族，巴黎給了我們無窮無盡的藝術靈感。正在街邊咖啡廳寫作的可能是位作家，藝廊前喝著白酒的也許是位畫家，地鐵站裡即興演出的街頭藝人可能是正在尋找自我的知名首席小提琴手。

「每一週、每個月，巴黎都有新的展覽、新的表演，我們隨時能去聽場音樂會，也能去學舞、去博物館看畫。這個城市的藝術美感，幾乎時時刻刻都能無意識地感受到。

「或許就是這個原因，學校老師很自然地將這樣的藝術訓練帶到課程之中；父母與小孩的談話內容，也很自然的提到音樂、繪畫、雕塑、烹飪；藝術對我們來說不像一個『科目』，它是生活的一部分。」HC流暢地描繪著這個豢養他的城市。

我們很有默契地抬頭一望，一旁貼得滿滿的廣告海報，張張都是充滿概念的視覺設計，樂團即興演出就在街角，玫瑰花的小販正好路過。而我們剛逛完位於布洛涅森林，被稱為「巴黎新地標」的路易威登基金會博物館，心滿意足地

路易威登基金會博物館 Fondation Louis Vuitton

www.fondationlouisvuitton.fr/
8, Avenue du Mahatma Gandhi Bois de Boulogne 75116 Paris, France
+33 1 40 69 96 00

看了令人嘆為觀止的建築工藝，也看了一輪精采紛呈的當代藝術展品；或許，這就是巴黎與藝術難以言傳、只容領會的纏綿繾綣。

藝術不應存在於課本中，任何地方都能體現藝術。

人人都是哲學家

伏爾泰曾說：「衡量一個人，得看他問什麼問題，而不是看他給什麼答案。」而這個城市的人，較誰都勇於表達意見，人人皆是英勇善辯哲學家。

前面已經提過一些關於巴黎人的「好辯」與「不怕衝突」，先姑且不論他們是據理力爭或強詞奪理，但他們真的都很能辯，而且很愛辯，這來由實在值得探究。

哲學，並非高不可攀

個人主義、獨立思考、自由民主，這些主宰他們生命的核心信仰，除了是法國大革命後的文化精髓，更是他們樂於「擁抱衝突」的主要原因。但要具備這種巧舌如簧、字字珠璣，隨時能針鋒相對的辯論能力，絕非與生俱來，肯定有個強大的教育體系支撐，才能訓練出這一群世界級最佳辯手。

「相較於我在亞洲經歷過的教育，法國的歷史課尤其不一樣！」小學畢業即移民法國的韓國人金菲這麼分析：「在韓國，上課時幾乎都是老師說話，學生想辦法記住內容。考試則大多是判斷對錯的是非題、選擇題，比較偏記憶力的訓練；來到法國，歷史課變得很像辯論大會！比如說，老師拋出某個歷史議題，學生便會踴躍討論，也許沒有正確解答，但總是可以聽到很多不同的解讀。考試則只有申論題，一張圖片、一個歷史事件，答題必須以嚴謹的文體去闡釋對這個歷史事件的理解和看法。老實說，法國的歷史課很難，我花了非常長的時間才適應。學生不只需要認識歷史，還必須進一步思考、申論。但現在回頭想想，的確獲益良多，好像在不知不覺中，被迫訓練了推理、邏輯和思考的能力。」

哲學會考，訓練思辨

某天，巴黎罕見地下了整天雨，家裡的食物庫存已空無一物，便與室友在雨中快步走到對街的小酒館，想偷個閒不煮飯，吃個法式漢堡、喝杯白酒也好。

隔壁桌的巴黎人正大聲討論著某個「分數」，仔細一聽，居然是名人們高中會考的哲學分數：戴高樂十一．五分、薩科齊九分、歐蘭德十三分，曾任法國總理、現任外交部長的法比尤斯則拿了滿分二十分。然後，他們接著討論哪個美女歌手拿了十七分、哪位記者拿了十九分，說得驚天動地，好似這個分數能

反映出一個人的能力或智商。

「話當然不能說得這麼武斷，但這的確是大家茶餘飯後的話題，妳不覺得非常有趣嗎？」巴黎友人山卓呵呵笑著。

每年六月鳴槍起跑的法國高中會考，媒體與大眾最關心的話題，即所有考生皆需闖過的第一道關卡——哲學考試。相信連一八〇八年創設此考試制度的拿破崙，也難以想像現今仍然沸騰的景象。

法國大革命後的社會氛圍，延續彌漫著啟蒙運動的思想解放、個人主義等核心思考，這種對極權政府的全面批判，需要廣大「具思辨力的公民」，於是讓十六歲的高中生在四小時內申論哲學議題，成為法國的傳統。因此，哲學思辨的訓練，理所當然成了法國教育不可或缺的一環。以下列舉幾個二〇一六年法國高中會考，根據文學、科學、經濟與社會、專業技術等不同組別的哲學試題：

- 我們的道德信念是否建立於經驗之上？
- 欲望的本質是否永無限制？
- 我們是否總是知道自己真正的想望？
- 學習歷史的價值何在？

• 工作少一點，是否能活得更好？

• 遵守法律是否足以實現正義？

思辨的目標在於獨立思考、反覆推敲，不受他人或外在環境影響，一種自主運作的邏輯思維。哲學考試的目的則是看見一個人思考的過程，進而理解他是否具備思辨的能力。一旦擁有這種能力，那麼任何議題進入腦袋之後，便由一種知識性資訊，轉換成蘊含個人思考、態度、立場的想法，這種想法僅屬於你自己，唯有透過溝通，才能向外傳遞。

雖然法國的哲學考試每過一陣子就會遭遇不同批判，有人評論哲學考試強化了菁英教育的負面影響；有人則認為現在的評分過於強調寫作技巧，淪為千篇一律的八股文；但面對種種聲浪，法國教育系統的哲學思考訓練的本質，從未被質疑或否定。

法國思想之父伏爾泰曾說：「衡量一個人，得看他問什麼問題，而不是看他給什麼答案。」這或許正是所有問題的解答。擁有獨立思考的能力才配為人，也才能組織一個理想社會。即使理想社會仍遠在天邊，但這個國度、這個城市的人，的確較誰都勇於表達意見，更善於面對衝突，人人皆是英勇善辯哲學家。伏爾泰地下有知，也必感欣慰吧。

不完美的巴黎人

巴黎人對我而言，一點也不完美，但他們就迷人在毫不相信完美，卻堅信自己正往完美的路上前進。

一七八九年七月十四日，法國人民攻陷巴士底監獄，巴黎多年的革命與動盪從此展開，長久以來的君主專制被一瞬推翻，政局幾經改變、摧殘、重建，巴黎卻始終是巴黎，風雨飄搖中屹立不搖，對自由的追求從未停歇，時至今日，仍不斷挑戰著自由意志的無窮極限。

一八五二年至一八七〇年間，拿破崙三世一聲令下，奧斯曼男爵（Baron Georges-Eugène Haussmann）大刀闊斧地執行了史無前例的城市再造工程——巴黎大改造，一舉拆除了兩萬棟老舊建築，並執行大規模的都市更新建設，揮別了髒亂、傳染病、數不盡的陰暗窄巷，巴黎終於擁有了現在的模樣。

這個嶄新樣貌的巴黎被重新規畫為二十個行政區，從此各區揮舞著截然不同的旗幟，展開雙臂歡迎不同族群、膚色、信仰、職業、個性的人群入住。

巴黎養成，矛盾卻豐富

這個小小的城市乘載了幾多流轉，容納數不清精采複雜的多樣性。巴黎人的模樣，向來難以一言蔽之，但只要在這塊土地待上一陣子，法國文化的滲透力之強大，會無孔不入的，慢慢把你的思想磨成某種形狀。

巴黎式思考，有時闊似煙波，有時利若刀鋒，但一來到露天咖啡座，所有人就會幻化成同一個模樣，盡情享受當下的閒適。巴黎人就是這麼讓人摸不著頭緒，冷漠背後藏有可愛的直率，自私卻揉合了對國家團結的認同，厭惡財富但執著於品味，嘲笑效率

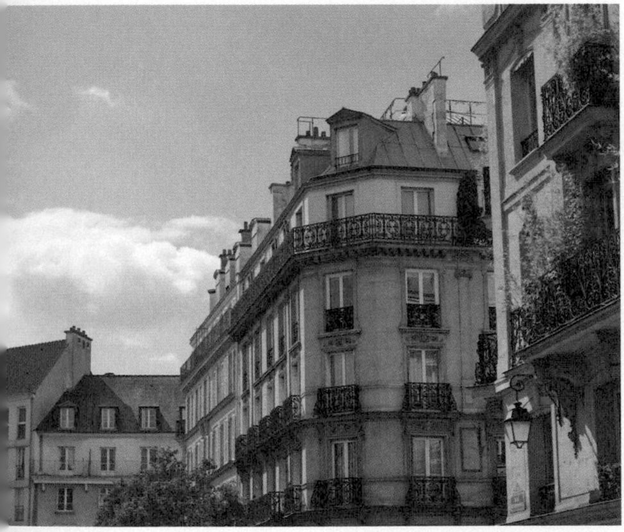

又眷戀傳統，這獨一無二的「巴黎養成」，看來如此矛盾，卻左碰右撞，造就了巴黎人給世人的永恆印象。

廣納百川的第二家鄉

相較於歐美其他國家的嚴謹保守，法國一向採取較為寬鬆的移民政策。如十九世紀的猶太人、義大利人移民潮；二十世紀前半葉則有俄羅斯、亞美尼亞、波蘭人移入；為了國家經濟發展，二戰後法國政府至從前的殖民地招工，引入大量北非移民；一九七五年西貢陷落，也連帶造成法國史上最大的越南移民潮；巴黎至此成為許多人的第二個家園，人口與族群組成十分複雜。

許多人在巴黎旅遊，總會驚覺路上有非常多膚色的人種，與想像大不相同；但生活在巴黎，這是我們最習慣的風景。在早晨陽光中不甘願地醒來，到對街麵包店買一個巧克力麵包，是巴黎最經典的早餐；坐上地鐵，光是一節車廂就可看見載著八種不同文化：臭著臉的法國人；揹著大提琴的日本男生；把後背包抱在胸前的美國遊客；大聲說著義大利文的夫妻；戴著小圓帽的猶太人；有深邃五官的阿拉伯人；穿西裝、表情和善的高大黑人；還有我，一個急急忙忙趕著去上學的臺灣女生。

學校的同學也來自世界不同城市：巴黎、臺北、香港、上海、新德里、河內、洛杉磯、紐約、貝魯特、伊斯坦堡、盧昂、布魯塞爾、阿姆斯特丹，我們肩併著肩專心聽著行銷學，沒有什麼文化隔閡，頂多說話都得慢一點，就能彼此理解。午休時間，幾個人決定到附近的餐廳吃北非小米，餐廳老闆操著鄉音很重的法文，總是親切有禮，笑咪咪的。我點了口味奇重但非常美味的燉雞肉蔬菜，餐後來杯新鮮薄荷葉沖泡的濃厚薄荷茶，別忘了加很多很多白糖。晚上回到家，室友和我強烈懷念起家鄉味，便走到住家附近的迷你溫州區，吃一碗熱騰騰的雲吞湯和一盤炒青菜，耳邊的溫州

話一句也聽不懂，但特別想家。

這是一個旅居巴黎的異鄉人，最平凡的一天。

農曆春節時，來自臺灣的我們決定邀請各國同學到家裡嘗嘗家鄉味。朋友帶著朋友、文化連著文化，來了各式各樣的人。我有個同學是土耳其人，篤信伊斯蘭教，我永遠記得她對我說的那句話：「雖然很多道菜我不能吃，但謝謝你們讓我有家的感覺。」

勿忘黑色星期五

二〇一五年十一月十三日，巴黎發生了一夜悲劇。我人不在巴黎，但心緊緊繫著那個城市，還有城市裡的許多人。很多人急著問我有關伊斯蘭文化與巴黎的問題，我卻一句也答不上來。在最尋常平淡的日常裡，我們的確緊緊相繫啊。人類最根基的飲食文化、情感交流、美學賞析，向來都是每一天的一塊組成拼圖，無論如何拉扯都黏得很牢，即使被炸彈和子彈擊碎打破，傷口也終會癒合。

有些人說法國過度開放的移民政策，只是平等自由的假象，法國政府歡迎移民，卻沒有給他們足夠資源，讓他們在貧窮線下不得翻身；有人覺得法國文化本質保守，迥然相異的文化難以融入……說了很多，都說法國人自食惡果。

我不是國際情勢專家，無法斷言何以巴黎成為被攻擊的目標，真正原因尚待釐清。但擺在眼前的事實，是敘利亞的內戰已造成無數無辜人民傷亡，更造成難民流離失所，由於國際政治勢力介入，讓這個本來就非常複雜的議題，變得更加艱困難解，以致這個宗教、族群、政治的混戰，戰場延伸至世界各地，無辜死傷無數。

我相信發生在巴黎的慘劇不是偶然，這些極端分子的目的只有一個，他們需要一個巨大而引人注目的舞臺，希望透過此舉將世界一分為二。希望我們感到恐懼、憤怒，希望破壞我們平凡美好的日常生活，希望我們隨時活在擔心受怕當中，失去相愛的能力。

然而，依我對巴黎人的了解，這個包容大度的城市，恐怕沒那麼容易被擊垮。一位朋友在事發隔天，上傳一張與阿拉伯裔巴黎人的合照，寫著：「他仍是我最好的朋友。」另一群朋友買了嬌豔的花束，一同到共和廣場為傷亡者祈福。很多人自發性走上街頭給陌生人溫暖擁抱，當中包含許多住在巴黎的穆斯林。電視媒體聯合拒播撕裂傷口的血腥畫面，呼籲法國民眾多元文化、族群團結的重要性。

巴黎人對我而言，一點也不完美，但他們的迷人之處就在於毫不相信完美，卻堅信自己正往完美的路上前進。法國的移民政策、經濟發展、社會公義仍待大幅改進，曾是這個城市一份子的我，相信深諳人性、擁抱自由的他們終能找到一個解答，讓巴黎永遠是曾停留於此之人的第二故鄉。

而我知道，當我下次再回到那裡，我仍會搭著地鐵，大老遠去找那個總是笑臉迎人的北非餐廳老闆，點一桌阿拉伯菜，再以一杯甜滋滋的薄荷茶，感謝他一直以來的盛情款待。

享受自己的不完美

巴黎教我學會享受我的不完美，如同巴黎這個看似完美卻破綻百出的城市，仍精采得淋漓盡致，活出一個舉世無雙的歷史地位。

如果有人問我，巴黎生活改變了妳什麼？我一定會這麼回答：「巴黎教我好好享受我的不完美。」

漫步於臺北、東京、首爾或上海街頭，時常見著標準化的美人。當長洋裝是主流時，拖地的裙擺滿街跑；流行紅脣當道，整間百貨公司都是血盆大口；某包款

登上雜誌，就會像複製貼上一樣，人手一只；某位名媛說這款香水招桃花，走過身邊的人皆飄散相同氣味。人人都想擁有韓星吹彈可破的肌膚、完美無瑕的妝容、洋娃娃般的長睫毛，我也曾經在這些女孩之中，整天抱著時尚雜誌，想盡辦法遮掩自己的缺點，用盡手段讓自己變成另外一個人。

然後，我到了巴黎。

巴黎女人之美，舉世聞名

巴黎女人的魅力，除非親眼感受，否則太難描摹。有些凌亂的咖啡色及肩長髮，白色絲質襯衫，鈕釦不多不少，恰好落在胸前若隱若現；黑色合身牛仔褲流露曲線，腳踩一雙深色芭蕾平底鞋，駝色扁平手拿包輕放腿上；臉上沒施什麼脂粉，顴骨上的雀斑清晰可見，極淡的眼妝唇妝，微帶光澤，而那只包裡看來不備任何補妝用品。太陽眼鏡就擱在白酒杯邊，她一個人坐在露天咖啡座，卻一臉自在。

另一個女人，一身黑色合身洋裝、黑色褲襪、黑色高跟踝靴、肩揹看來有些歷史的CHANEL黑色2.55；頭髮很隨興地扎起馬尾，手上有些精緻細小的飾品，臉上沒什麼妝，只上了一點點睫毛膏，一丁點橘膚色腮紅，像是剛晒過科西嘉島的太陽。她和朋友正聊著天，吃著一盤巨大的尼斯沙拉，陽光好像就該落在她身上，映照她臉上的自信。

兩個讓人看得目不轉睛的巴黎女人，都不是絕世美女，也沒有穿著社群媒體上鼓吹的款式剪裁顏色，她們甚至都有些明顯的不完美，卻美得令人屏息，至少讓我看傻了眼，很想就這麼潛入她們看似絢麗的日常。

巴黎的美女有太多種姿態樣貌，在這個崇尚自由、擁抱多元、重視個人主義的社會，「美」向來是件很主觀的事，如果美感能像制服或面具，穿戴上就安全無虞，那便局限了思想和創

意，失去美學的真諦。

不完美，才是生命本質

葡萄酒、年份香檳、起司、古董、舊貨、老公寓，這些越陳越有味道的老東西，法國文化總是又愛又珍惜得不能釋手，他們對歷史、歲月的癡癡依戀，似乎也表現在對年齡、老化的無懼上。巴黎女人的另一迷人之處，在於美，不分年齡。香奈兒女士說：「妳可以在三十歲時漂亮，四十歲時非常迷人，並在接下來的日子，擁有令人無法抗拒的魅力。」

上了年紀的人，不分男女，仍然注重打扮，仍然意氣昂揚、風韻猶存，而且有著優雅的自信，這是只有巴黎才見得著的美景。那些皺紋、斑駁、緩下的腳步，一點也不新穎、一點都不完美，但所有的美都藏在不完美之間，那見過多少人間繁華、看透多少脆弱人心、活過多少深刻痕跡的靈魂，是我們每個人終將到達的地方，大部分的巴黎人只是早我們一步，懂得欣賞那份深厚的美學罷了。

曾獲諾貝爾文學獎的法國小說家法郎士（Anatole France）曾說：「我堅持

我的不完美，它是我生命的本質。」

巴黎人的美很真實、很從容，像絲巾上殘留的一絲橙花香，像不經加工藏著整顆草莓的果醬，像裝著說不完的故事的古董包，像在花園裡慢慢拾起的一大把花束，沒有多餘的玻璃紙包裝，乾乾淨淨，隨興而至。

「老實說，我不喜歡『美』這個字，總覺得被這個字形容就像被套了枷鎖，我喜歡那些看著我，然後流露讚嘆或欣羨的眼神，那比較真誠。」一說完，夏洛特自我解嘲的誇張神情，逗得我笑個不停。我們幾乎要喝完一瓶粉紅酒，天空還很亮，夜晚還很遠。

試著更喜歡自己一點！（攝影／我上輩子的情人，Edgar Chen）

我呢。還是一樣的我，但巴黎要我卸下裝扮，做那個比較真實的自己。

我不完美的長相、不完美的身材、不完美的個性、不完美的脾氣、不完美的能力、離完美還很遠的文筆，一樣也沒有進步。但巴黎這個看似完美卻破綻百出的城市，仍精采得淋漓盡致，活出一個舉世無雙的歷史地位，讓人覺得信心倍增、豁然開朗。

巴黎教我學會享受我的不完美，在每一個慢下來的時光，活在當下，活到每一個細節裡；表達真我，真誠地愛著每一個在乎的人；張開五感，欣賞並體會每一種美學；認真吃飯、專心休憩、好好生活；每時每刻，都努力再多愛自己一點點。

我一點也不覺得自己完美，但全宇宙、全世界就只有一個我而已。

而我非常喜歡這樣的自己。

這些巴黎教會我的事，讓我不論在哪裡，都能活得像個巴黎人，那樣獨一無二，那樣有滋有味。

ACROSS 29

在哪裡，都能當個巴黎人

作者——南西大爺 Miss Nancyelle
主編——陳信宏
責任編輯——尹蘊雯
責任企畫——曾睦涵
美術設計——蔡佳豪
董事長——趙政岷
總編輯——李采洪
出版者——時報文化出版企業股份有限公司
一〇八〇一九 臺北市和平西路三段二四〇號三樓
發行專線：（〇二）二三〇六六八四二
讀者服務專線：〇八〇〇二三一七〇五・（〇二）二三〇四七一〇三
讀者服務傳真：（〇二）二三〇四六八五八
郵撥：一九三四四七二四 時報文化出版公司
信箱：一〇八九九臺北華江橋郵局第九九信箱
時報悅讀網——http://www.readingtimes.com.tw
電子郵件信箱——newlife@readingtimes.com.tw
時報出版愛讀者粉絲團——http://www.facebook.com/readingtimes.2
法律顧問——理律法律事務所 陳長文律師、李念祖律師
印刷——華展印刷有限公司
初版一刷——二〇一六年七月二十二日
初版四刷——二〇二一年一月二十九日
定價——新台幣三〇〇元
（缺頁或破損的書，請寄回更換）

時報文化出版公司成立於一九七五年，
並於一九九九年股票上櫃公開發行，於二〇〇八年脫離中時集團非屬旺中，
以「尊重智慧與創意的文化事業」為信念。
ISBN 978-957-13-6665-4 Printed in Taiwan

在哪裡，都能當個巴黎人/南西大爺 Miss Nancyelle 著；
——初版. —— 臺北市：時報文化，2016.07
面；　公分. ——（ACROSS；029）
ISBN 978-957-13-6665-4（平裝）
1.生活方式　2.生活美學　3.法國巴黎

742.713　　105009683